AF546651

EIGENE SCHNITTMUSTER HERSTELLEN

FÜR

Röcke & Kleider

stiebner

Die englischsprachige Ausgabe dieses Buches erschien 2017 unter dem Titel *Pattern Making Templates for Skirts & Dresses* bei Barron's Educational Series, Inc.

Aus dem Englischen von der MCS Schabert GmbH, München, – www.mcs-schabert.de – unter Mitarbeit von Katrin Marburger (Übersetzung) und Corinna Vierkant-Enßlin (Übersetzung Cover, S. 118–141, 144)

Bibliografische Information der Deutschen Nationalbibliothek
Die Deutsche Nationalbibliothek verzeichnet diese Publikation in der Deutschen Nationalbibliografie; detaillierte bibliografische Daten sind im Internet über http://dnb.dnb.de abrufbar.

Printed in China

www.stiebner.com

ISBN 978-3-8307-0984-8

Wir produzieren unsere Bücher mit großer Sorgfalt und Genauigkeit. Trotzdem lässt es sich nicht ausschließen, dass uns in Einzelfällen Fehler passieren. Unter www.stiebner.com/errata/0984-8.html finden Sie eventuelle Hinweise und Korrekturen zu diesem Titel. Möglicherweise sind die Korrekturen in Ihrer Ausgabe bereits ausgeführt, da wir vor jeder neuen Auflage bekannte Fehler korrigieren. Sollten Sie in diesem Buch einen Fehler finden, so bitten wir um einen Hinweis an verlag@stiebner.com. Für solche Hinweise sind wir sehr dankbar, denn sie helfen uns, unsere Bücher zu verbessern.

EIGENE SCHNITTMUSTER HERSTELLEN

FÜR

Röcke & Kleider

Alles, was man braucht, um eigene Kleidung zu **entwerfen, kopieren oder anzupassen**

ALICE PRIER
LILIA PRIER TISDALL

Inhalt

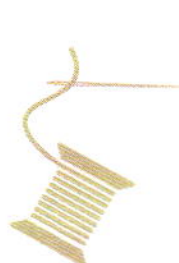

1. Erste Schritte

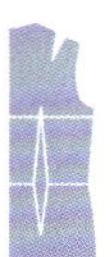

2. Grundschnitt nach Maß

3. Röcke

4. Röcke – Details und Varianten

5. Kleider

6. Kleider – Details und Varianten

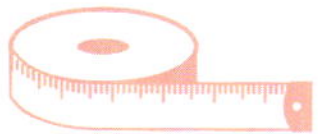

7. Passformkorrektur

Einleitung

Mit diesem Buch möchten wir unser Wissen über und die Freude an der Schnittmusterkonstruktion weitergeben – sie ermöglicht es, aus dem Nichts seine eigenen Kleider zu entwerfen! Bei uns zu Hause wird Kleidung selbst gemacht, nicht gekauft, und wenn dabei einmal etwas nicht so gelingt, ist dies nur ein weiterer Schritt auf dem Weg zu einer beneidenswerten Garderobe voller einzigartiger Modelle.

Ein Schnittmuster ist die Landkarte, die einem den Weg vom ersten Entwurf zum fertigen Modell weist. Es kann so edel aussehen, dass man es einrahmen und an die Wand hängen möchte, aber auch in einem spontanen Anfall von Kreativität aus der Zeitung von gestern zusammengeklebt sein.

Grundlage für eine gute Schnittkonstruktion ist, dass man schon Erfahrung damit hat, zweidimensionalen Stoff so zu bearbeiten, dass er sich dem dreidimensionalen Körper anpasst.

Der erste Schritt ist die Anfertigung eines gut passenden Grundschnitts. In diesem Buch finden Sie Grundschnitte zum Download – die perfekte Basis, um sofort mit dem Entwurf Ihrer eigenen Schnittmuster zu beginnen.

In jedem Kapitel wird Schritt für Schritt erklärt, wie man aus diesen Grundschnitten Schnittmuster für die verschiedenen im Buch dargestellten Modelle entwickelt. Mithilfe dieser Anleitungen werden die Grundtechniken der Schnittkonstruktion erarbeitet, die es später ermöglichen, eigene Modelle zu entwerfen.

Keine Angst vor Fehlern – es ist nur Stoff, und am besten lernt man, wenn man näht!

Viel Spaß!

Kapitel 1

Erste Schritte

Werkzeug und Material

Man braucht nicht viel, um ein Schnittmuster zu entwerfen. Hier eine Liste mit der Grundausstattung plus einigen netten Extras. Wichtig ist auch ein großer Spiegel, in dem Sie Ihre Kreationen bewundern können!

Grundausstattung

Messwerkzeug

▸ Maßband zum Maßnehmen am Körper

▸ Langes Lineal (Kunststoff oder Metall)

▸ Zeichenwinkel (oder irgendein rechteckiger Gegenstand) für rechte Winkel

▸ Mehrere Kurvenlineale: groß für Seitennähte, Arm- und Halsausschnitte, klein für Kragen und Taschen (notfalls tut es auch ein passender Teller)

Schnittmusterpapier

▸ Das in der Modeindustrie verwendete Rasterpapier mit Punkten und Kreuzen (Spot and Cross) hat den Vorteil, dass es den Fadenlauf wiedergibt und so das Zuschneiden im Fadenlauf vereinfacht. Es ist strapazierfähig und halbtransparent, was zum Durchpausen von Partien wie Besätzen hilfreich ist.

▸ Sie können auch Transparentpapier, Packpapier, Zeitungsdruckpapier oder sogar alte Zeitungen verwenden (Vorsicht, die Druckerschwärze kann auf den Stoff abfärben!).

Zeichenstifte

▸ Ein spitzer Bleistift (ein Druckbleistift zieht besonders gleichmäßige Linien)

▸ Textmarker in diversen Farben zum Markieren verschiedener Partien auf dem Schnittmuster

▸ Radiergummi für eventuelle Fehlerkorrektur

Schneidwerkzeug

▸ Papierschere – niemals die Stoffschere für Papier verwenden, da sie sonst schnell stumpf wird. Das muss jeder in Ihrem Haushalt wissen – verschiedenfarbige Griffe und ein großes Etikett können dafür sorgen, dass es jeder kapiert!

▸ Stoffschere – Größe und Gewicht sollten zu Ihren Händen passen. Kaufen Sie die beste Qualität, die Sie erschwingen können, und bewahren Sie die Schere sozusagen „unter Verschluss" auf.

▸ Rollschneider – wird oft bevorzugt, weil er die Hände schont. Wie bei der Schere gilt auch hier: Rollschneiderklingen für Stoff nie für Papier verwenden!

Kleben und Heften

▸ Klebeband – ideal ist matt-unsichtbares Band, da man darüberzeichnen und es versetzen kann. Einen schweren Halter verwenden, sodass es mit einer Hand abzureißen ist.

▸ Glaskopfstecknadeln – nützlich, um zwischendurch die Schnittteile zur Passformkontrolle zusammenzustecken.

Gewichte

▸ Im Handel sind Gewichte in allen Formen und Größen erhältlich, doch Sie können auch große Kiesel vom Strand, Konservendosen oder einen Klebebandhalter verwenden.

Aufbewahrung

▸ Schablonenkarton – zur Anfertigung stabiler Schnittschablonen nach exakter Anpassung des Grundschnitts. Sie können Spezialkarton oder Karton aus dem Künstler- oder Bastelbedarf verwenden.

▸ Schablonenhaken – (oder zurechtgebogene Drahtkleiderbügel) zum Aufhängen der Schnittschablonen.

▸ Große Umschläge/Hüllen zur Aufbewahrung der Schablonen.

Für den Wunschzettel

- Kerbzange (Knipser) – kein Billigprodukt, da dieses das Papier eher zerreißt als einknipst.
- Handlocher – ein Einzelloch-Stanzer zur Markierung der Position von Abnäherspitzen, Taschen, Knöpfen etc.
- Kopierrädchen – zum Durchpausen von Partien des Schnittmusters oder Abkopieren vorhandener Kleidungsstücke, um daraus Schnittteile anzufertigen.
- Schneiderbüste – nützlich zum Anprobieren Ihrer Entwürfe.

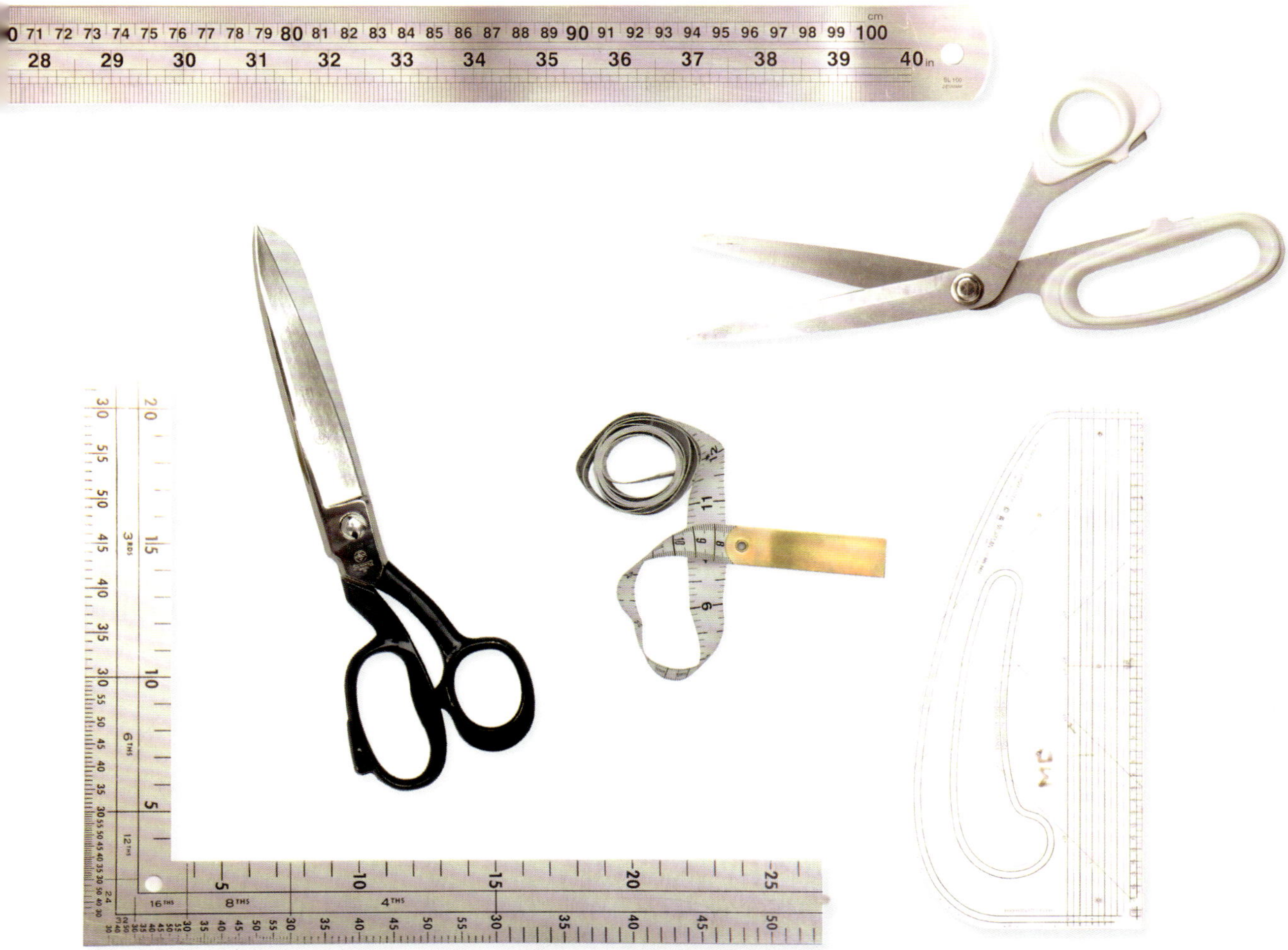

Auswahl des Stoffes

Bei der Stoffauswahl gibt es zwei Möglichkeiten: Entweder man wählt einen Stoff passend zu einem Modell, das einem vorschwebt, oder man beginnt mit einem Stoff und sucht ein dazu passendes Modell.

Viele meinen, Letzteres führe zu den interessantesten und befriedigendsten Resultaten. Bei der Stoffauswahl gilt es einiges zu bedenken:

- Eignet sich der Stoff für den Entwurf? Der Stoff sollte immer zum Stil des Modells passen – ist er weich und fließend, wählen Sie ein Modell wie das asymmetrische Kleid auf Seite 100. Ist er steifer mit festem Griff, dürfte der Kilt auf Seite 68 die bessere Wahl sein.
- Mögen Sie Farbe und Beschaffenheit des Stoffes? Ihre Schnittkonstruktion kann noch so exakt und das Modell noch so perfekt genäht sein – wenn Sie den Stoff nicht mögen oder er nicht zu Ihnen passt, werden Sie nie zufrieden sein.
- Ist der Stoff praktisch? Muss er chemisch gereinigt werden oder ist er trocknergeeignet?
- Ist die Stoffqualität gut? Da es Zeit und Mühe kostet, ein schönes Kleidungsstück zu nähen, sollte der Stoff lange halten.

TIPP

> Führen Sie ein Skizzenbuch mit Entwürfen und lassen Sie sich davon inspirieren, wenn Sie das nächste Mal Ihren Stoffvorrat durchforsten.

Stoffe von A–Z

Zu den Freuden des Selbernähens gehört es, dass man nach Herzenslust mit Farben, Strukturen und Drucken experimentieren kann. Haben Sie keine Scheu vor ungewöhnlichen Kombinationen!

Hier eine Liste für den ersten Überblick:

A—Aertex, ägyptische Baumwolle, Alcantara, Angora

B—Bambus, Bark Cloth/Rindentuch, Batist, Baumwollstoff, Bouclé, Breitcord, Breitrips, Brokat

C—Challis, Chambray, Chiffon, Cord, Crêpe de Chine

D—Damast, Double-Jersey, Drillich, Dupionseide, durchsichtige Stoffe

E—Einlagenstoff, Elasthan

F—Faille, Feinripp, Filz, Fischgrät, Flanell, Fleece, Folienstoff

G—Gabardine, (falls Sie bei null anfangen wollen), Gaze, Georgette, Gingham, Gros grain

H—Habutai

J—Jacquard, Jeansstoff, Jersey

K—Kaschmir, Krepp, Kunstleder, Kunstseide

L—Lamé, Lawn, Leder, Leinen, Lochstickerei, Lycra

M—Melton, Mikrofaser, Mohair, Moleskin, Musselin/Nessel

N—Neopren, Netzstoff, Nylon

O—Organdy, Organza

P—Paillettenstoff, Pelz (echter oder Webpelz), perlenbesetzter Stoff, Polyester, Popeline

Q—Qiviut

R—Rohseide

S—Satin, Samt, Schottenstoff, Scuba, Seersucker, Seide, Serge, Shantungseide, Spitze, Steppstoff, Stoffbänder, Stretchstoff, Strickstoff

T—Taft, Tüll, Tweed, Twill

V—Velours, Vinyl, Viskose

W—Walkstoff, Webstoff, Wildleder, Wolle

Z—Zebradrucke, Zibeline

Dank Online-Shopping kann man heute Stoffe aus aller Welt bekommen. Außer den traditionellen Stoffen aus Wolle, Seide, Leinen und Baumwolle gibt es zahlreiche neue Ökostoffe, die nähere Betrachtung verdienen, z. B. Bambus und Hanf. Sie haben die Möglichkeit, nach Herzenslust mit ungewöhnlichen Stoffen zu experimentieren – probieren Sie einmal einen Mantel aus Georgette oder ein Mieder aus Tweed.

Muster und Drucke

Es sind wunderschöne bedruckte Stoffe im Handel – von kleinen abstrakten Mustern bis zu überdimensionalen Blumenmustern. Dank der neuesten Entwicklungen im Digitaldruck können Sie sogar Ihren eigenen Stoff bedrucken!

Bei der Verarbeitung eines bedruckten Stoffes ist das Wichtigste die Position des Musters:

- Passen die Karos oder Streifen an den Nahtstellen exakt aneinander? Dies ist ein Qualitätsmerkmal für ein geschneidertes Modell, das sich von der Massenware abhebt.
- Gibt es Blumen, die auf dem Kopf stehen, oder Tiere, die vom Himmel fallen? Beim Zuschneiden eines Stoffes mit figürlichem Muster sollte man darauf achten, dass dieses richtig herum und mittig auf dem Schnittteil liegt.
- Hat der Stoff eine Strichrichtung? Bei Stoffen wie Samt, Cord und Pelz ist dies grundsätzlich der Fall.
- Wäre es interessanter, den Stoff schräg zuzuschneiden? Ein Streifenstoff kann so z. B. an den Nähten zu einem Chevronmuster zusammengefügt werden.
- Hat der Stoff am Rand eine Bordüre oder eine interessante Webkante? Sparen Sie Zeit, indem Sie diese für den Saum nutzen.

Beurteilung der Stoffqualität

Bei der Auswahl des Stoffes sollte stets der Griff entscheidend sein: Fühlt sich der Stoff beim Tragen gut an?

Eine der besten Möglichkeiten zur Beurteilung der Qualität ist der Knittertest: Zerknüllt man den Stoff in der Hand, verschwinden bei einem guten Stoff die Knitterfalten schnell, ein minderwertiger bleibt zerknittert. Kaufen Sie die beste Qualität, die Sie sich leisten können.

Überprüfen Sie den Stoff vor dem Kauf auf Fehler wie einen verzogenen Fadenlauf, ein schiefes Muster, Farbunterschiede, Verschmutzung oder gezogene Fäden. Bei Naturfasern wie Seide, Wolle und Leinen sind Unregelmäßigkeiten normal; platzieren Sie diese später so, dass sie weniger auffallen.

TIPP

Werfen Sie einmal einen Blick in die Restekisten der teureren Stoffgeschäfte – der Stoff darin reicht vielleicht nicht für ein ganzes Kleidungsstück, aber schon ein luxuriöses Detail kann ein Modell enorm aufwerten.

Futter- und Einlagenstoff

Durch ein auffälliges Futter wird Ihr Entwurf zu etwas Besonderem. Verderben Sie nicht all Ihre Mühe durch ein billiges Futter. Es muss nicht immer klassischer Futterstoff sein – Baumwolle und Seide wirken auch sehr edel.

Durch einen hochwertigen Futterstoff in der richtigen Stärke bleibt Ihr Kleidungsstück in Form und sieht länger gut aus.

Abschätzen der benötigten Menge

Wenn Sie im Stoffgeschäft überlegen, welche Menge Sie für einen Entwurf brauchen, rechnen Sie am besten in Längen – wie viel Stoff benötigen Sie von der Ober- zur Unterkante?

Rechnen Sie eine Länge für die Ärmel hinzu plus Extrastoff für ein besonders weites Modell. Um ganz sicherzugehen, können Sie vorab zu Hause die Schnittteile auf einem Stück Stoff auslegen – oder sie sogar mitnehmen.

TIPP

Vor dem Zuschneiden Wollstoff am besten mit Dampf bügeln und Baumwollstoff vorwaschen, um späteres Einlaufen zu vermeiden. Manche Seidenstoffe lieber trocken bügeln – an einer Ecke testen.

Nach all diesen Ratschlägen nur noch eines: Haben sie keine Angst davor, Regeln zu brechen! Schlimmstenfalls wird ein Stück Stoff ruiniert – und selbst dann lässt sich immer noch etwas Kleineres daraus machen, z. B. eine Tragetasche oder man verwendet es für einen Patchwork-Quilt.

Grundbegriffe

Wie alle Spezialgebiete hat auch die Schnittkonstruktion ihre eigene Fachterminologie. Folgende Begriffe kommen in diesem Buch vor.

Abnäher Dreieckige genähte Falte, mit der Stoff an die Körperform angepasst wird – Grundlage jeder Schnittkonstruktion!
Abnäherschenkel Die beiden Seiten des dreieckigen Abnähers – sie müssen gleich lang sein.
Abnäherspitze Das spitze Ende eines Abnähers.
Angeschnittener Besatz Besatz, der in einem Stück mit dem Schnittteil zugeschnitten und dann nach innen umgeschlagen wird.
Ärmelkugel Oberste Partie eines Ärmels, die in den Armausschnitt passt.

Babysaum (Chiffon-Saum) Ganz schmaler Saum, gut für abgerundete Säume und dünne Stoffe wie Chiffon.
Besatz Spiegelbildlich zu einer Partie des Kleidungsstücks zugeschnittenes Teil, das zur Versäuberung von Kanten angenäht und verstürzt wird (häufig mit Einlage verstärkt).
Bewegungszugabe Differenz zwischen Körpermaß und tatsächlicher Weite eines Kleidungsstücks.
Brustabnäher Abnäher, durch den ein Modell sich dreidimensional der Brust anpasst.
Brustpunkt Die stärkste Stelle der Brust. Ab hier ringsum die Abnäher ansetzen.

Dolman-Ärmel Tief eingesetzter oder angeschnittener weiter Ärmel, unter dem Arm weit, sodass Falten entstehen.

Einlagenstoff Häufig Vliesstoff, der aufgebügelt oder aufgenäht wird, um bestimmte Partien zu verstärken, z. B. Knopfleiste, Besatz oder Kragen.
Einschneiden und aufdrehen Technik, um mehr Weite zu erhalten. Ein Schnittteil wird eingeschnitten und aufgedreht oder geöffnet. Eine der wichtigsten Techniken der Schnittkonstruktion.

Fadenlauf Linie auf dem Schnittmuster, die anzeigt, in welchem Winkel ein Schnittteil aufgelegt wird. Entscheidend dafür, dass ein Modell gerade wird – Ignorieren auf eigene Gefahr!
Formband (Nahtband) Flaches Band, meist aus Baumwolle; verhindert das Ausleiern von Kanten, z. B. an Tascheneingriffen.
Französische Naht Saubere doppelte Naht für feine Stoffe. Oft an Couture-Modellen verwendet.
Französischer Abnäher Langer, diagonaler Abnäher von der Seitennaht (Taillenhöhe) zum Brustpunkt, manchmal geschwungen.
Futter Innere Auskleidung eines Modells, die zugleich Versäuberung ist und edel wirkt.

Gehschlitz Eine schmale Falte am Rocksaum für mehr Gehfreiheit.
Gerüscht An einer Seite gekräuselter Stoff.

Handlocher/Einzelloch-Stanzer Werkzeug zum Stanzen von Markierungen auf Schnittteilen (Abnäherspitzen, Position von Taschen, Knopflöcher).
HM Hintere Mitte.

Kellerfalte Zwei parallele Falten, deren Faltenbrüche über dem tief darunterliegenden Faltenboden aneinanderstoßen.
Kerbzange Praktisches Werkzeug zum Einkerben von Knipsen.
Knipse Markierungen rings um den Rand des Schnittmusters, die als Passzeichen und zur Kennzeichnung der Abnäherposition dienen. Sie sind wie hilfreiche Wegweiser und sehr wichtig für eine exakte Konstruktion.
Knopfleiste Verstärkter Stoffstreifen, auf dem Knöpfe und Knopflöcher platziert werden.
Konstruieren Zeichnen eines Schnittmusters.
Konstruktionslinien Für die Konstruktion formgebender Elemente (Abnäher, Teilungsnähte) wichtige Linien auf einem Schnittmuster. Können zugleich Stillinien sein.

Kragenkante Die äußere Kante eines Kragens.
Kurvenlineal Schablone aus Kunststoff oder Holz zum Zeichnen von Kurven wie Arm- und Halsausschnitt, Hüftlinien oder dekorativen Elementen.

Messerfalten Einseitige Falten.

Nahtzugabe Extrastoff rings um den Rand eines Schnittteils, der das Nähen der Naht überhaupt erst ermöglicht.
Nesselmodell Probemodell aus Nessel oder ähnlichem preisgünstigen Stoff. Zur Kontrolle der Optik oder Passform genügt eventuell ein Nesselmodell eines Teiles des Kleidungsstücks.

Overlocknaht Mit einer Spezialmaschine gefertigte industrielle Nahtversäuberung. Die Naht ist dehnbar und damit ideal für Strickstoffe.

Passe (Sattel) Waagrechtes geformtes Stoffteil, meist an der Schulter oder zwischen Taille und Hüfte; kann Abnäher enthalten.
Prinzessnaht Teilungsnaht, die aus der Schulter oder dem Armausschnitt (Wiener Naht) über den Brustpunkt zur Taille verläuft. Ideal für eine kurvige Figur.

Raglan Armausschnittform, bei der ein Teil der Schulterpartie zum Ärmel gehört.
Rückenabnäher Naht, durch die das Rückenteil von den Schulterblättern bis zur Taille enger wird.

Saum Naht entlang der Unterkante eines Kleidungsstücks.
Schneiderbüste Dem Oberkörper entsprechende Form zum Anpassen, Drapieren und Ausstellen von Kleidungsstücken.
Schnittmuster 2D-Darstellung eines 3D-Kleidungsstücks. Bindeglied zwischen Entwurf und fertigem Modell.
Schrägband Schmales, im schrägen Fadenlauf zugeschnittenes Band zum Versäubern von Kanten oder Einfassen von Nähten. Kann fertig gekauft oder selbst gemacht werden.
Schrägschnitt Schnittteile im schrägen Fadenlauf (45° zur Webkante) zuschneiden, damit der Stoff sich dehnt und weicher fällt.
Schulterabnäher Wichtiger Passformabnäher – von der Schulternaht zum Brustpunkt.
Spot-and-Cross Spezial-Schnittmusterpapier; das Raster aus Punkten und Kreuzen erleichtert die Konstruktion.
Stillinien (Teilungsnähte) Linien auf einem Schnittmuster, die ein Modell definieren. Sie können rein dekorativ oder zugleich formgebend sein (z. B. Bahnen, Passen).
Stoffschlauch Schmaler genähter Schlauch, mit einer dicken Nadel und starkem Nähgarn oder einer speziellen Wendenadel auf rechts gewendet. Für Träger und Bindebänder.

Taillenabnäher Senkrechter Abnäher, der entweder das Oberteil vom Brustpunkt zur Taille oder den Rock von der Taille zur Hüfte formt.
Taillenbund Längs gefalteter Stoffstreifen, der an der Taille angenäht wird. Meist mit Einlagenstoff verstärkt.
Taschenbeutel Im Inneren eines Modells verborgener Teil einer Tasche – oft aus Futterstoff.
Tunnel Schlauchförmiger Durchzug für Gummi oder Band (z. B. für Kräuselfalten oder Rüschen).

Verlegen Von einem festen Punkt aus ein Schnittteil oder die Position eines Abnähers verschieben.
Verstürzen Nach dem Zusammennähen von zwei Teilen (rechts auf rechts) das Teil auf rechts wenden.
VM Vordere Mitte

Wasserfalleinsatz Keilförmiger Einsatz, durch den ein fließender Fall entsteht, meist am vorderen oder hinteren Ausschnitt.
Webkante Die lange feste Stoffkante von Meterware.

Zeichenwinkel Lineal zum Zeichnen gerader Linien und Ecken.

Kapitel 2

Grundschnitt nach Maß

Einführung in die Arbeit mit Grundschnitten

Ein Grundschnitt ist ein eng anliegender Basisschnitt, der sich den Konturen des Körpers anschmiegt. Alle Schnittmuster werden aus Grundschnitten entwickelt. Wir haben diese bereits für Sie konstruiert und stellen sie per Download bereit (siehe S. 24).

Am besten laden Sie zuerst den Grundschnitt des Kleides mit Abnähern und eingesetzten Ärmeln herunter, denn die meisten Modelle in diesem Buch (und generell) basieren darauf. Haben Sie bereits einen guten Grundschnitt, können Sie auch direkt zur Konstruktion der Modelle übergehen.

Download der Grundschnitte

1. Bestimmen der Konfektionsgröße

Dazu ein Maßband und die ausführliche Anleitung auf Seite 32 f. verwenden. Damit die Maße exakt werden, zum Maßnehmen am besten eine Hilfskraft engagieren!

2. Bestimmen des passenden Grundschnitts

Mithilfe der eigenen Maße und der Größentabelle (siehe S. 21) den passenden Grundschnitt zum Download wählen. Pro Größe haben die Grundschnitte zwei Brustvarianten, da die Passform an der Brust am schwierigsten ist. Wenn Sie nicht sicher sind, welche die richtige ist, laden Sie am besten beide herunter und nähen für das Vorderteil Nesselmodelle, um zu sehen, welche Variante besser sitzt (siehe S. 34). Entsprechen Ihre oberen und unteren Maße verschiedenen Größen, können Sie zwei Größen kombinieren – siehe Hilfe bei Passformproblemen (siehe S. 136).

3. Download des Grundschnitts

Zum Download scannen Sie entweder den QR-Code auf den Grundschnitt-Seiten oder Sie verwenden den darunter angegebenen Link.

Die Grundschnitte finden Sie hier:

Seite 24: ▸ Kleid mit Abnähern und eingesetzten Ärmeln (Kleid und Rock, Vorderteil, Rückenteil, Ärmel)
Seite 25: ▸ Kleid mit Abnähern und eingesetzten Ärmeln, für große Oberweite (Kleid und Rock, Vorderteil, Rückenteil, Ärmel)
Seite 26: ▸ Stretchkleid ohne Abnäher mit eingesetzten Ärmeln (Kleid und Rock, Vorderteil, Rückenteil, Ärmel)
Seite 27/28: ▸ Ärmelgrundschnitte (eingesetzter Ärmel in drei Längen, Dolman-Ärmel, Raglanärmel)
Seite 29/30: ▸ Kragengrundschnitte (Hemdkragen, Bubikragen, Volantkragen, Stehkragen)
Seite 31: ▸ Taschengrundschnitte (eingesetzte Tasche, aufgesetzte Tasche 1 und 2)

Zu jedem Modell gibt es einen Link, mit dem die PDF-Dateien in allen Größen heruntergeladen und selber ausgedruckt werden können.

4. Ausdrucken des Grundschnitts

Die PDF-Grundschnitte sind auf A4-Größe formatiert. Die Schnittmuster müssen unbedingt im korrekten Maßstab gedruckt werden, sonst stimmt die Größe nicht. Die Druckeinstellungen sollten „Originalgröße“, „100 %“, „tatsächliche Größe“ o. ä. lauten, je nach verwendeter Druckersoftware. Auf der ersten Seite jedes Grundschnitts gibt es ein Testquadrat – drucken Sie zunächst nur diese Seite aus und überprüfen Sie, ob das Testquadrat 5 x 5 cm groß ist.

5. Zusammenkleben des Grundschnitts

Hat die Testseite das richtige Format, das gesamte Dokument drucken und den Grundschnitt zusammensetzen. Auf jeder Seite befinden sich kreisförmige Passzeichen sowie waagrechte Buchstaben- und senkrechte Zahlenreihen. Mithilfe der Kreise die Seiten an den Eckpunkten exakt aneinanderfügen und zusammenkleben.

6. Ausschneiden des Grundschnitts

Den Grundschnitt sorgfältig ausschneiden und zur Probe ein Nesselmodell nähen. Bitte beachten Sie, dass die Grundschnitte keine Nahtzugaben haben; diese müssen in der gewünschten Breite hinzugefügt werden. Unter „Passformkontrolle" (S. 34) wird beschrieben, wie man ein Nesselmodell näht und die Passform des Grundschnitts kontrolliert.

Wenn alles passt und sitzt, steht dem Entwurf Ihrer Traumgarderobe nichts mehr im Wege.

ANMERKUNG

Die Grundschnitte in diesem Buch reichen von Konfektionsgröße 34 bis 48. Dazu gibt es zahlreiche Anleitungen zur Anpassung an Ihre Figur.

Größentabelle

Größentabellen sind nicht einheitlich, wie Sie beim Shoppen sicherlich schon bemerkt haben. Diese einfache Tabelle hilft, den richtigen Grundschnitt auszuwählen.

EU	**34**	**36**	**38**	**40**	**42**	**44**	**46**	**48**
UK	**6**	**8**	**10**	**12**	**14**	**16**	**18**	**20**
US	**2**	**4**	**6**	**8**	**10**	**12**	**14**	**16**
Brust	76 cm	81,5 cm	86,5 cm	91,5 cm	97 cm	101,5 cm	109 cm	117 cm
Taille	63,5 cm	68,5 cm	71 cm	76 cm	81,5 cm	86,5 cm	91,5 cm	97 cm
Hüfte	86,5 cm	91,5 cm	97 cm	101,5 cm	107 cm	112 cm	119,5 cm	127 cm

Den Grundschnitt kennenlernen

Am besten schauen Sie sich den Grundschnitt zunächst gründlich an, um sich mit all den darauf enthaltenen Informationen vertraut zu machen.

Die Grundschnitte

Der Grundschnitt für das Kleid mit Abnähern besteht aus einem halben Rücken- und Vorderteil sowie einem ganzen Ärmel. Zum Zuschneiden wird der Stoff doppellagig zugeschnitten. Die vordere Mitte (VM) liegt am Stoffbruch, die hintere Mitte (HM) schneidet man mit Nahtzugabe zu, damit eine Öffnung gearbeitet werden kann.

Nahtzugabe

Die Grundschnitte haben weder Naht- noch Saumzugaben, da man sie als Basis für die Konstruktion verschiedener Modelle verwendet. Überdies sind vielleicht an verschiedenen Partien eines Modells unterschiedlich breite Nahtzugaben gewünscht. Das entscheiden Sie!

Fadenlauf

Der auf den Grundschnitten eingezeichnete Fadenlauf (a) zeigt, wie die Schnittteile auf den Stoff gelegt werden. Diese Markierungen unbedingt beachten und auf alle aus dem Grundschnitt entwickelten Schnittmuster übertragen.

Passzeichen (Knipse)

Die Passzeichen (b) zeigen, wie die Schnittteile korrekt aneinandergefügt werden. Auch sie werden auf alle aus dem Grundschnitt entwickelten Schnittteile übertragen.

Konstruktionslinien

Die grauen Linien auf dem Grundschnitt sind Konstruktionslinien: Brust-, Taillen- und Hüftlinie. Sie sind nützlich, wenn aus dem Grundschnitt Modellschnitte entwickelt werden, und dienen der Orientierung.

KONSTRUKTIONSABNÄHER UND GEKÜRZTE ABNÄHER

> Am Vorderteil unterscheidet man Konstruktionsabnäher, die vom Brustpunkt ausgehen, und gekürzte Abnäher, die ca. 4-5 cm vor dem Brustpunkt enden. Dieser Abstand wird auf dem Grundschnitt als gestrichelter Kreis um den Brustpunkt (BP) dargestellt. Bei der Schnittkonstruktion werden zu verlegende Abnäher immer genau am Brustpunkt gedreht, sonst könnte dieser an der falschen Stelle landen. Nach dem Verlegen den Abnäher kürzen, damit er später keine Tüte bildet. Nähte so verlegen, dass sie knapp neben dem Brustpunkt verlaufen statt genau darüber.

> Der hintere Taillenabnäher muss nicht gekürzt werden, außer der Modellentwurf sieht dies vor.

Formgebende Abnäher

Auch formgebende Abnäher sind in Grau eingezeichnet: vorderer Schulter- und Taillenabnäher sowie hinterer Taillenabnäher. Diese sorgen dafür, dass der Grundschnitt an den Körperformen anliegt. Die Verlegung dieser Abnäher ist das A und O der Schnittkonstruktion: Sie können beliebig verlegt werden, solange die Gesamtweite des Oberteils gleich bleibt.

Teilungsnähte und Abnäherpositionen

In Rot sind auf den Grundschnitten gängige Teilungsnähte und Abnäherpositionen eingezeichnet. Diese sind hilfreich beim Entwurf der Modelle in diesem Buch. Im Beispiel markierte Teilungsnähte: vordere und hintere Passe.

Markierte Konstruktionsabnäher:

1. Wiener Naht (W-T): verläuft von der Mitte des Armausschnitts (W) über den Brustpunkt (BP) zur Taille (T)

2. Schulterabnäher (Sch-BP): einer der wichtigsten formgebenden Abnäher. Wird er bis zur Taille fortgesetzt, entsteht eine Prinzessnaht (Sch-T).
3. Abnäher am Halsausschnitt (H-BP)
4. Querabnäher an der vorderen Mitte (VM-BP)
5. Taillenabnäher (T-BP)
6. Französischer Abnäher (F-BP)
7. Seitenabnäher (S-BP)

Ärmelgrundschnitt

Der Ärmelgrundschnitt (siehe unten rechts) hat eine senkrechte Mittellinie und eine waagrechte Linie zwischen den Achselpunkten (AP). Bei der Konstruktion von Ärmeln müssen die Unterarmpunkte auf einer Linie liegen, sonst wird der Ärmel verdreht.

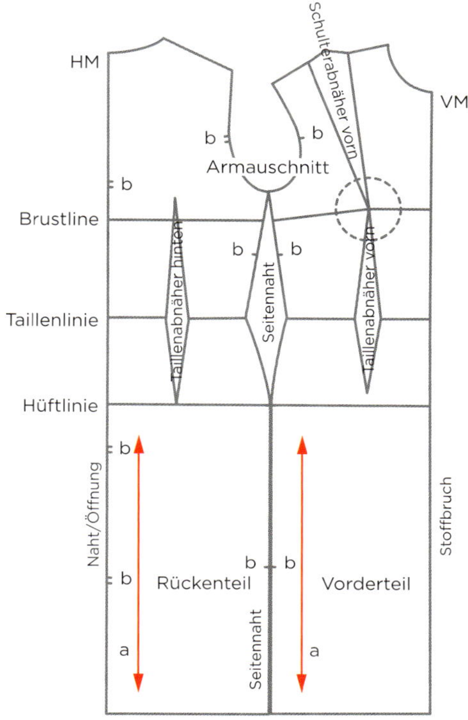

Grundschnitt Kleid mit Abnähern

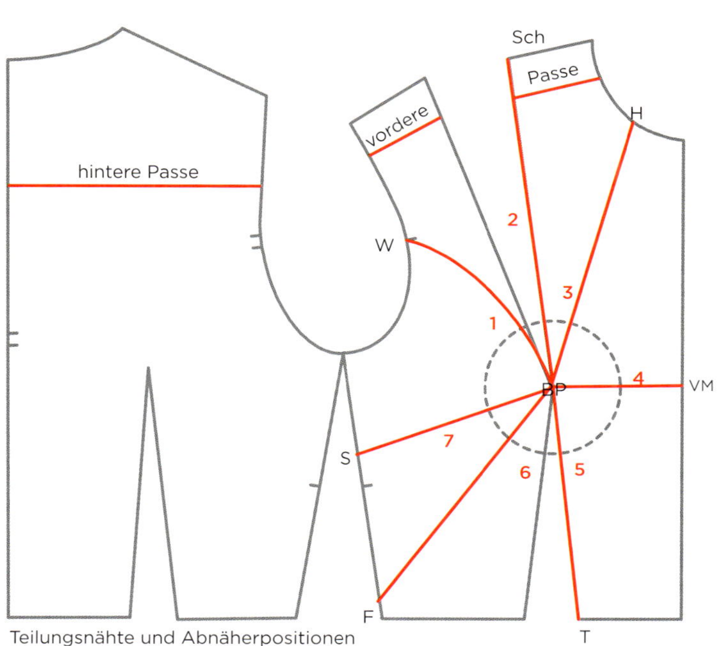

Teilungsnähte und Abnäherpositionen

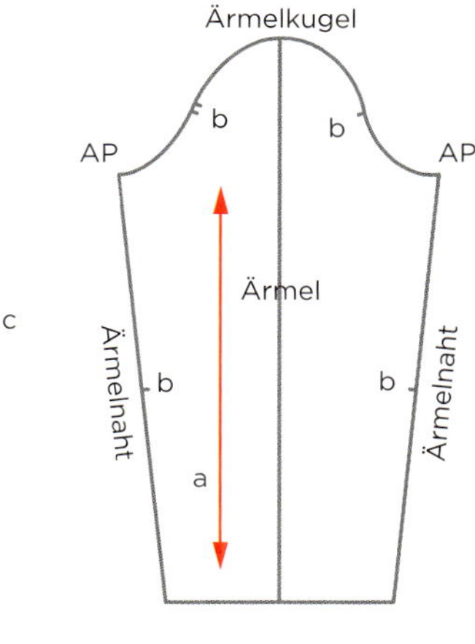

Grundschnitt eingesetzter Ärmel

Die Grundschnitte

Dies sind die Grundschnitte zum Download (siehe auch S. 20).

Kleid mit Abnähern und eingesetzten Ärmeln

Diesen Grundschnitt werden Sie ausgiebig kennenlernen, denn er bildet die Basis der meisten Rock- und Kleiderschnitte in diesem Buch.

Für einen Rock nur die Rockpartie des Grundschnitts mit der gewünschten Taillenhöhe des Modells aufzeichnen. Je nach Stil kann diese über- oder unterhalb der Taillenlinie des Grundschnitts liegen.

Der eingesetzte Ärmel ist mit Ärmelmehrweite konstruiert, die beim Einsetzen eingehalten wird.

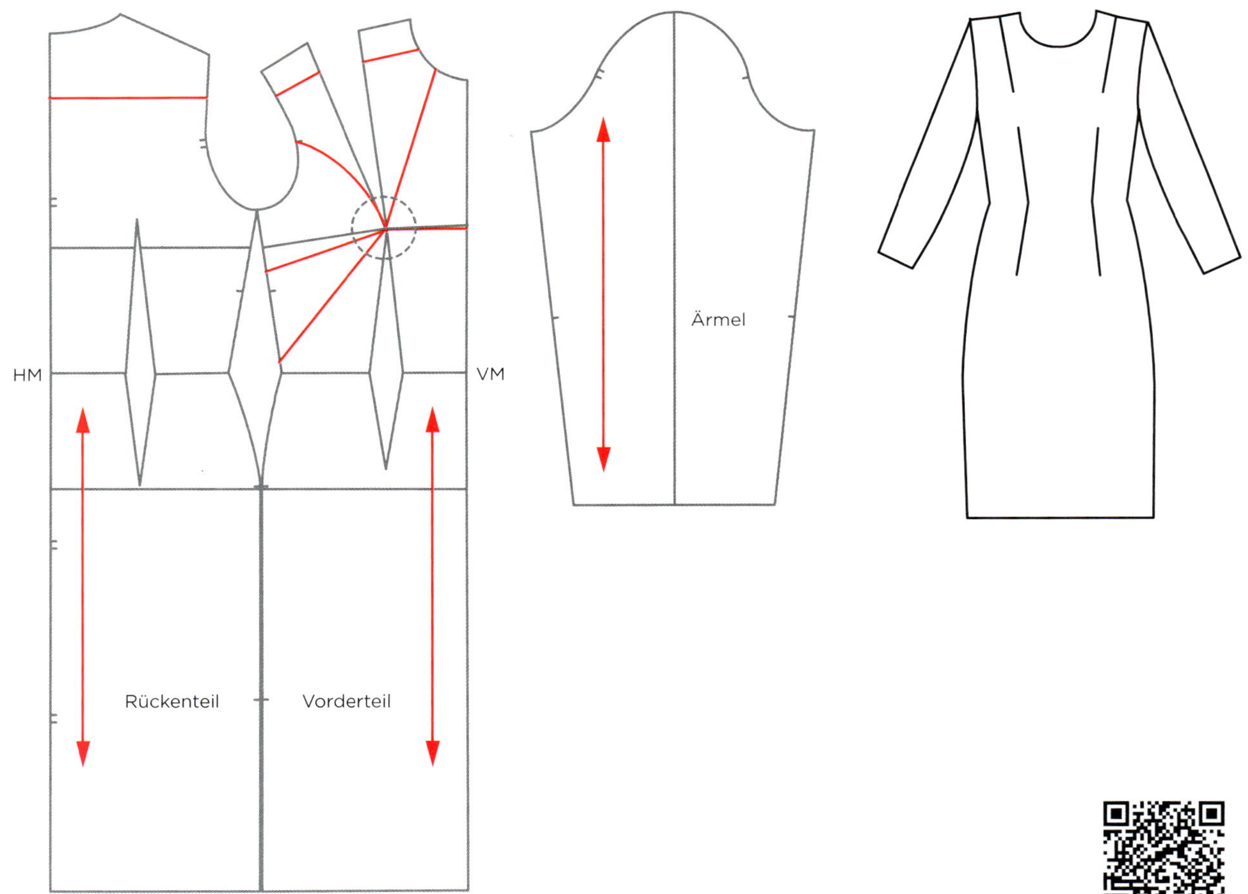

tinyurl.com/y74e9odw

Kleid mit Abnähern und eingesetzten Ärmeln für größere Oberweite

Dieser Grundschnitt für das Kleid mit Abnähern ist für eine größere Oberweite konstruiert.

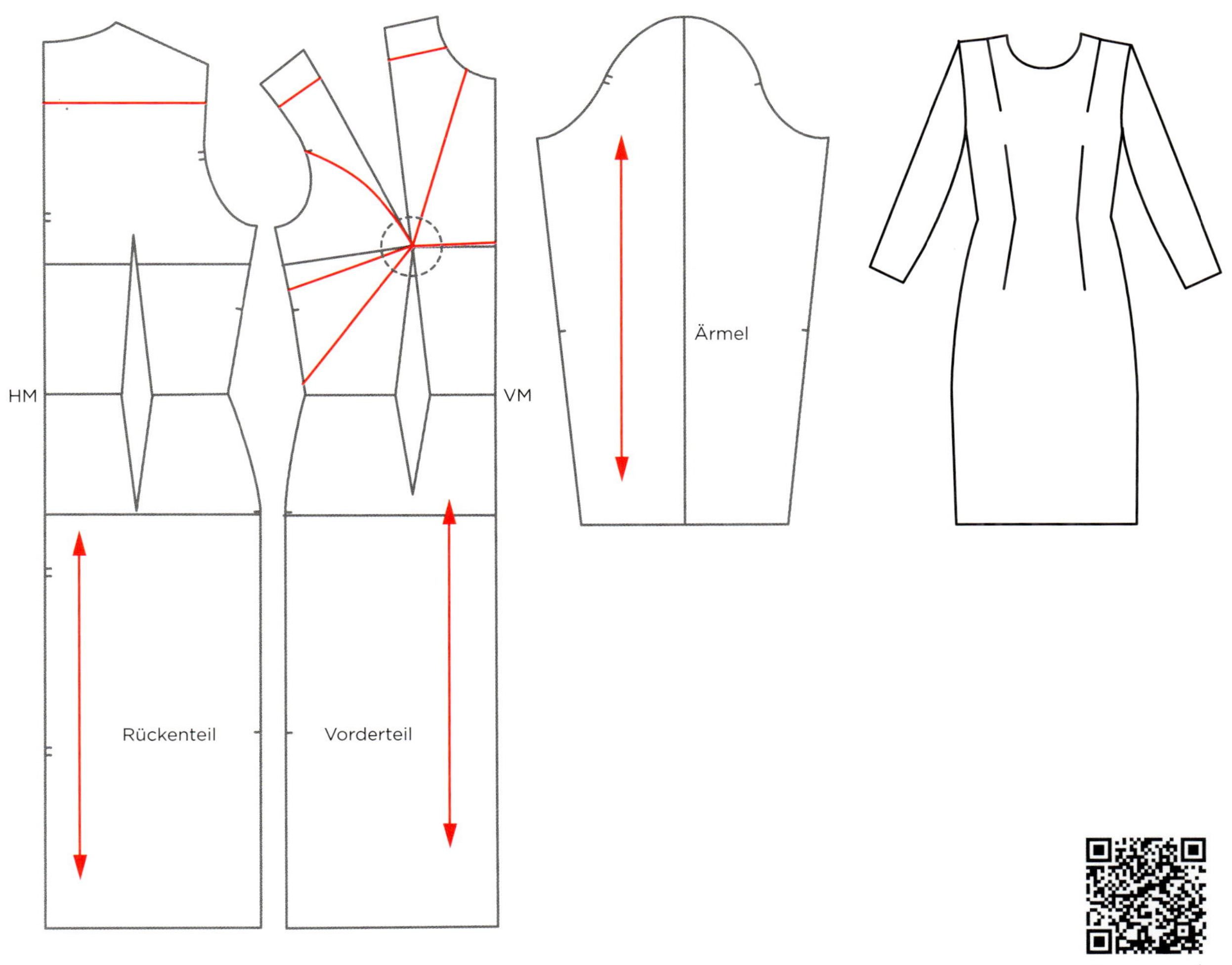

tinyurl.com/ydb7j3f3

Stretchkleid ohne Abnäher mit eingesetzten Ärmeln

Dieser Grundschnitt ist für schnelle, einfache Stretchmodelle konzipiert und wurde für den Schlauchrock (S. 58), das Negligé (S. 104) und das Maxikleid (S. 114) verwendet. Der Ärmel ist schmal geschnitten. Woll-, Baumwoll-, Viskose- oder Seidenjersey haben oft einen Elasthananteil, durch den sie besser in Form bleiben und sich ideal für diesen Grundschnitt eignen.

Da der Grundschnitt keine Brustformung enthält, gibt es keine Variante für große Oberweiten. Die Formgebung entsteht allein durch den Stretch im Stoff. Jeder Stretchstoff ist anders – bei sehr dehnbarem Stoff eventuell eine kleinere Größe wählen.

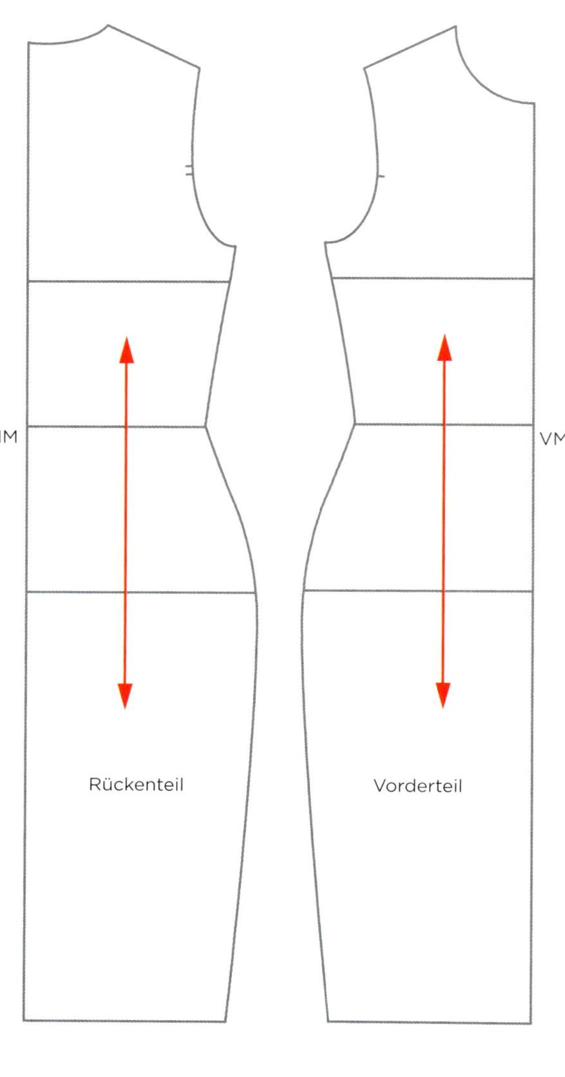

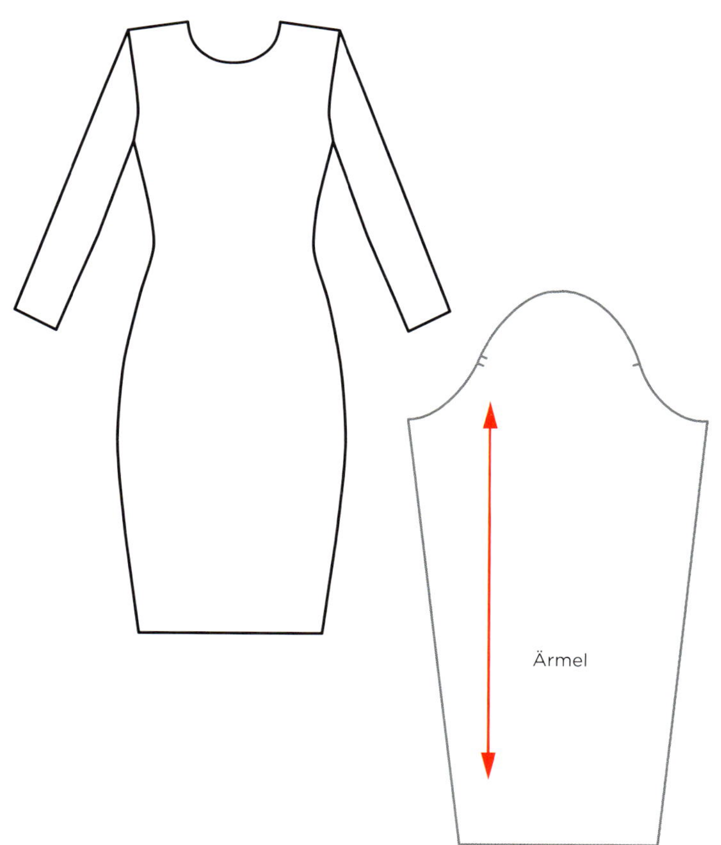

tinyurl.com/
ya47o8b7

Ärmelgrundschnitte

Grundschnitt für eingesetzte Ärmel in drei Längen. Der Ärmel ist passend für beide Grundschnitte des Kleides mit Abnähern konstruiert.

Der Grundschnitt hat etwas Einhalteweite an der Ärmelkugel und liegt recht schmal an, jedoch mit Bewegungsspielraum am Ellbogen. Drei Längen sind eingezeichnet: kurzer, Dreiviertel- und langer Ärmel. Natürlich ist auch jede beliebige andere Länge möglich!

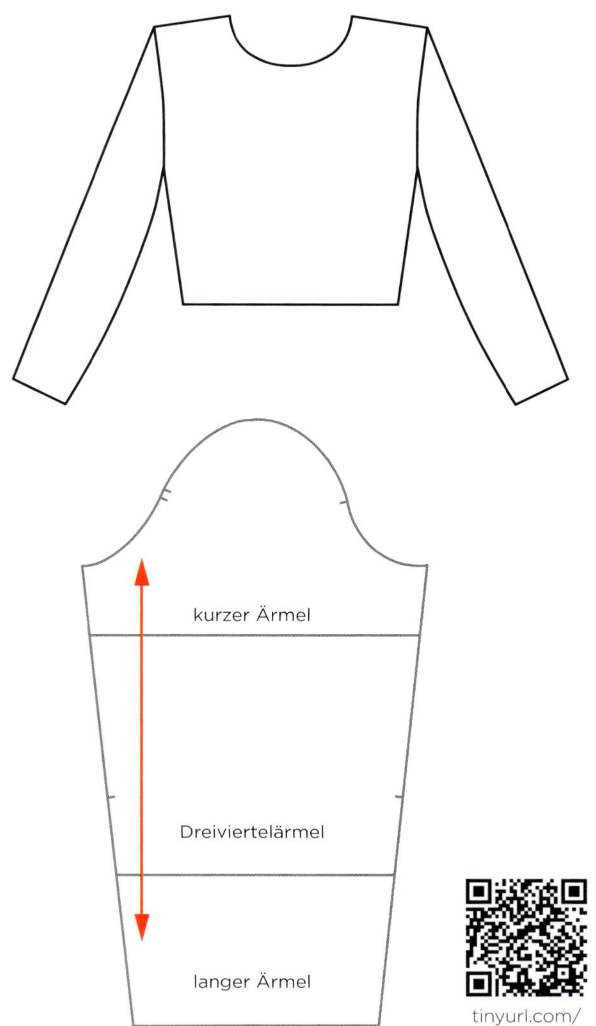

tinyurl.com/y7nfgrfx

Dolman-Ärmel

Dieser Grundschnitt enthällt auch Vorder- und Rückenteil, da er am Armausschnitt keine Naht hat. Zusammen mit einem beliebigen Rockschnitt ergibt er ein ganzes Kleid. Verwendet wird er für die Abendrobe (S. 116) und die Abwandlung zum Fledermausärmel (S. 126). Er ist schnell und einfach zu nähen. Stimmen Sie die Ärmellänge auf die Rocklänge ab.

Raglanärmel

Bei diesem Grundschnitt sind ein Teil des Halsausschnitts und die komplette Schulternaht vom Rumpf in den Ärmel verlegt. Er wird für das Pulloverkleid (S. 94) und die Abwandlung zum gerafften Ärmel (S. 127) verwendet. Da er viel Bewegungsfreiheit am Armausschnitt gibt, ist er ideal für sportliche Modelle aus Stretchstoff.

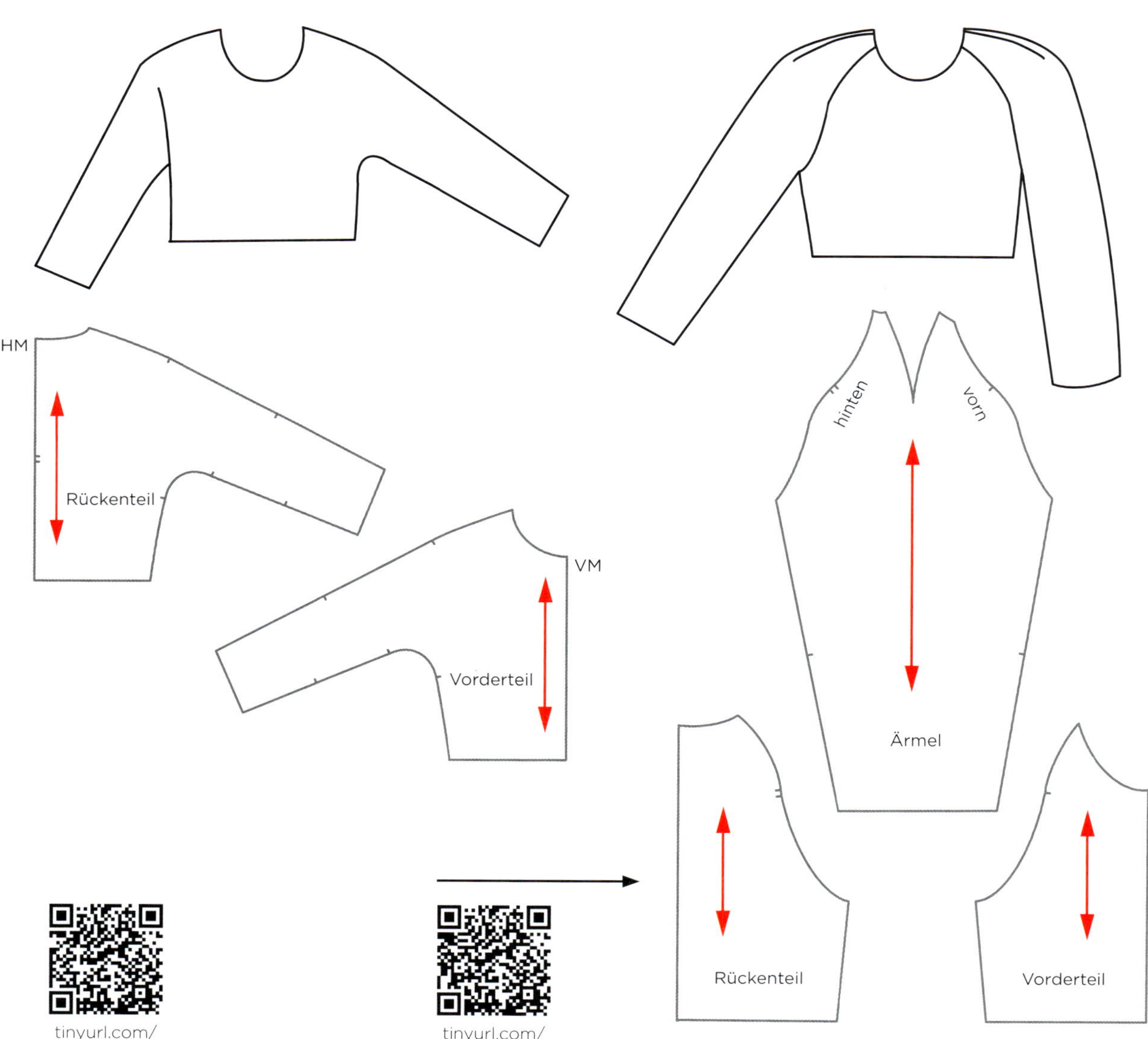

tinyurl.com/ycmkyahl

tinyurl.com/yb48uvxj

Kragen-Grundschnitte

Schneiden Sie den Schnitt an den gestrichelten Linien durch und drehen Sie ihn auf, um ihn an den jeweiligen Halsausschnitt anzupassen.

Kragen werden fast immer doppelt zugeschnitten und verstürzt.

Hemdkragen

Der Hemdkragen ist so konstruiert, dass er oben auf dem Halsausschnitt sitzt. Der Kragensteg muss bündig mit der vorderen Knopfleiste abschließen. Durch eine feste Verstärkung bekommt die Kragenkante Stand. Eine Variante ist der Kragen mit Bogenkante (S. 123).

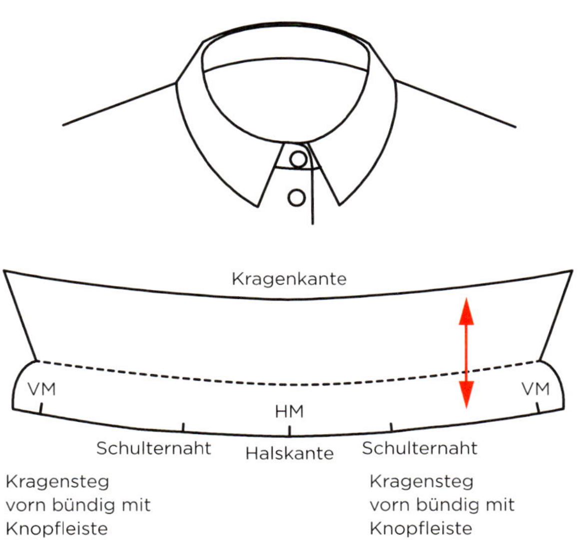

TIPP

Die Kragenkante des Unterkragens ca. 0,5 cm zurückschneiden, damit die Naht später auf der Unterseite des Kragens liegt.

Bubikragen

Der Bubikragen liegt flach auf Schultern und Nacken auf. Durch kontrastierenden Stoff kann ein Modell ganz anders wirken – wie wäre es mit Spitze, Leder oder Organza?

Eine Variante ist der Matrosenkragen (S. 125).

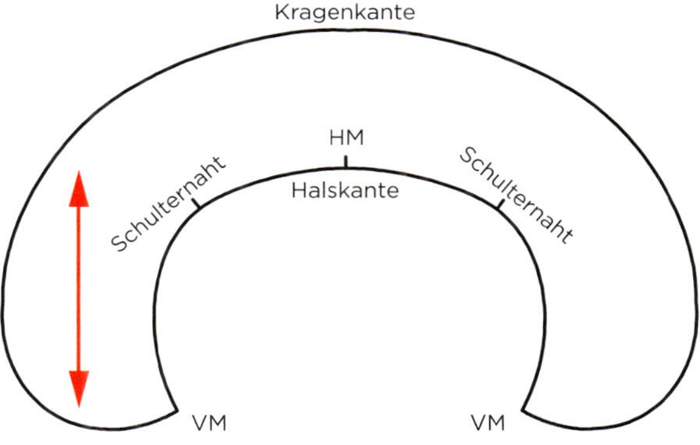

tinyurl.com/yav9hu42

tinyurl.com/y9za95z2

Volantkragen

Für diesen Kragen muss zunächst der Halsausschnitt an Vorder- und Rückenteil zu einem weichen V (siehe Halsausschnitte S. 120) verändert und an die Halskante des Kragens angepasst werden. Das sieht seltsam aus, funktioniert aber. Eine Variante ist der schulterfreie Kragen (S. 124).

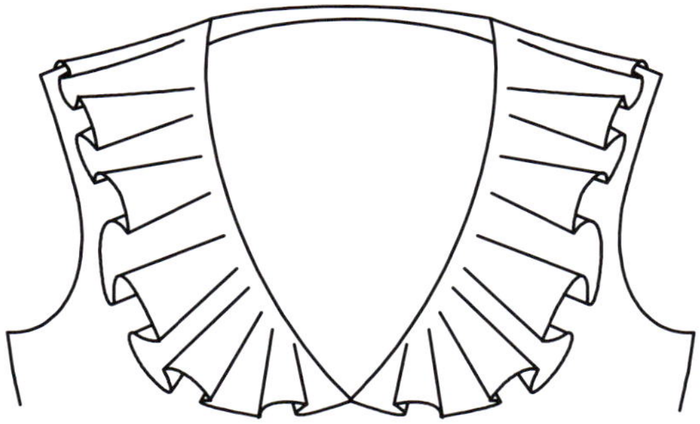

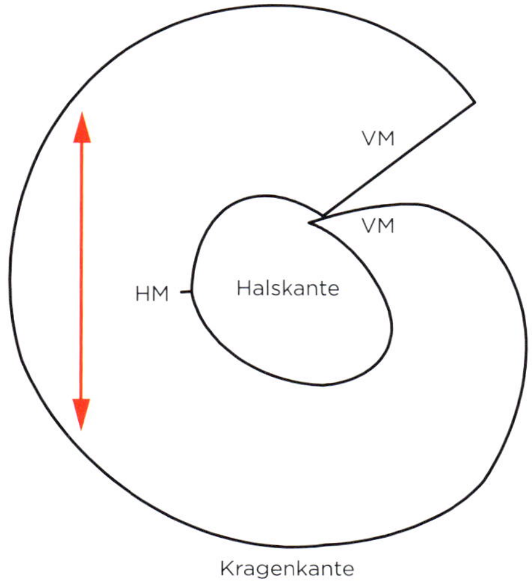

Stehkragen

Dieser Grundschnitt ist so konstruiert, dass die Kanten des Kragenstegs an der HM/VM aneinanderstoßen – nach Bedarf einen Übertritt für einen Verschluss anfügen. Mit abgerundeten Ecken entsteht ein Mandarinkragen. Eine Variante ist der weich fließende Rollkragen (S. 122).

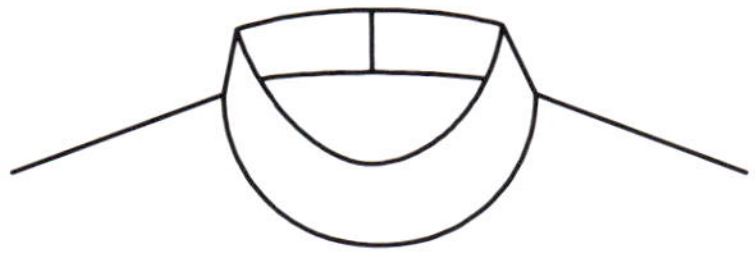

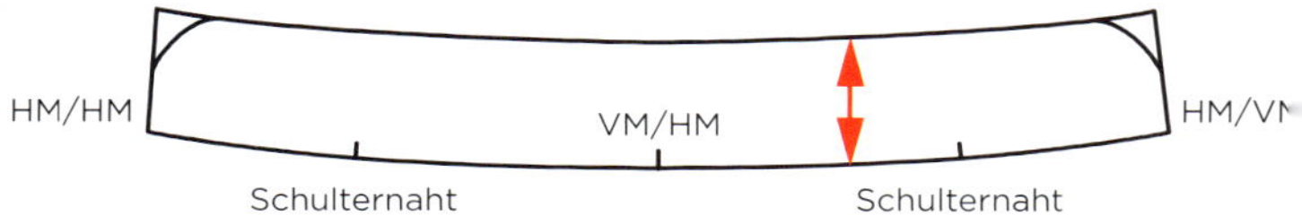

tinyurl.com/ycz9fb6x

tinyurl.com/y8zboxgq

Taschengrundschnitte

Taschen gibt es in vielen Formen und Größen – hier ein paar Grundvarianten. Siehe auch Kapitel 4, Abschnitt „Taschen“ (S. 76 f.).

Nahttasche

Solche Nahttaschen benötigen einen vorderen und einen hinteren Taschenbeutel, daher 2x doppelt zuschneiden. Bei empfindlichem oder sehr dickem Oberstoff Futterstoff verwenden.

Aufgesetzte Tasche 1

Eine klassische Form der aufgesetzten Tasche. Nahtzugaben zufügen. Mit Futter oder Besatz verstürzen.

Aufgesetzte Tasche 2

Eine alternative Taschenform. Die obere Spitze wird nach außen umgeschlagen.

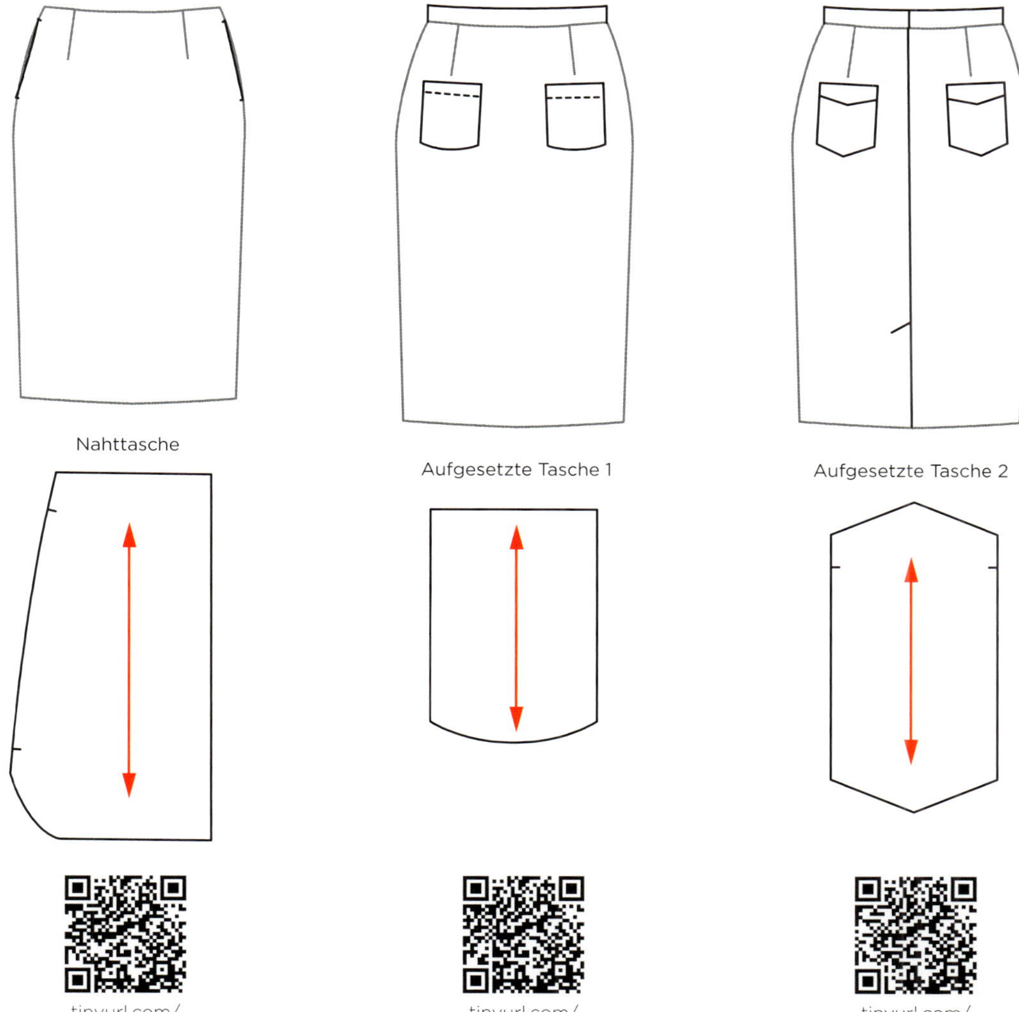

tinyurl.com/yddz9a8w

tinyurl.com/y7uvdrk7

tinyurl.com/yde7rbn8

Maßnehmen

Dies sind die wichtigsten Maße, die für die Schnittkonstruktion benötigt werden. Um zu bestimmen, welcher der Grundschnitte zum Download der richtige ist, brauchen Sie lediglich exakte Maße von Brust, Taille und Hüfte (siehe Größentabelle S. 21). In vielen Kursen und Büchern werden Dutzende von Maßen empfohlen, doch oft ist Einfachheit der bessere Weg, der zu exakteren Ergebnissen führt. Anpassungen können Sie immer noch vornehmen, wenn Sie das Nesselmodell genäht haben.

TIPPS ZUM MASSNEHMEN

> Engagieren Sie eine Freundin – es ist viel einfacher, jemand anderen abzumessen als sich selbst.

> Aufrecht stehen, natürlich-lockere Körperhaltung mit geschlossenen Füßen.

> Das Maßband weder zu fest noch zu locker anlegen – die nötige Bewegungszugabe ist in den Grundschnitten bereits enthalten.

> Jedes Maß zweimal abmessen: Sie werden staunen, wie unterschiedlich die Werte sein können!

1. **Schulterbreite** Vom seitlichen Halsansatz bis zur Schulterspitze.
2. **Brusttiefe** Von der Mitte der Schulter (etwa Sitz des BH-Trägers) zur stärksten Stelle der Brust, dem sogenannten Brustpunkt (BP).
3. **Brustumfang** Über die stärkste Partie der Brust und gerade quer über den Rücken.
4. **Taillenumfang** Rings um die Taille, zwischen Brustkorb und Ansatz der Hüftknochen – nicht unbedingt, wo die Hose sitzt.
5. **Hüftumfang** Rings um die stärkste Stelle der Hüften. Diese kann variieren – bei manchen verläuft sie um das Gesäß, bei manchen über den Oberschenkelansatz. Blicken Sie seitlich in den Spiegel und messen Sie an mehreren Stellen, um die stärkste Stelle zu finden.
6. **Rückenlänge** Von der Mitte des Nackenansatzes senkrecht über den Rücken bis zur Taille.
7. **Armlänge** Von der Schulterspitze an der Armaußenseite entlang über die leicht angewinkelte Ellbogenspitze zum Handgelenk.
8. **Länge von Taille bis Knie** An der Körperseite von der Taille bis zur Mitte des Knies.
9. **Seitliche Taillenhöhe** An der Körperseite von der Taille bis zum Knöchel.

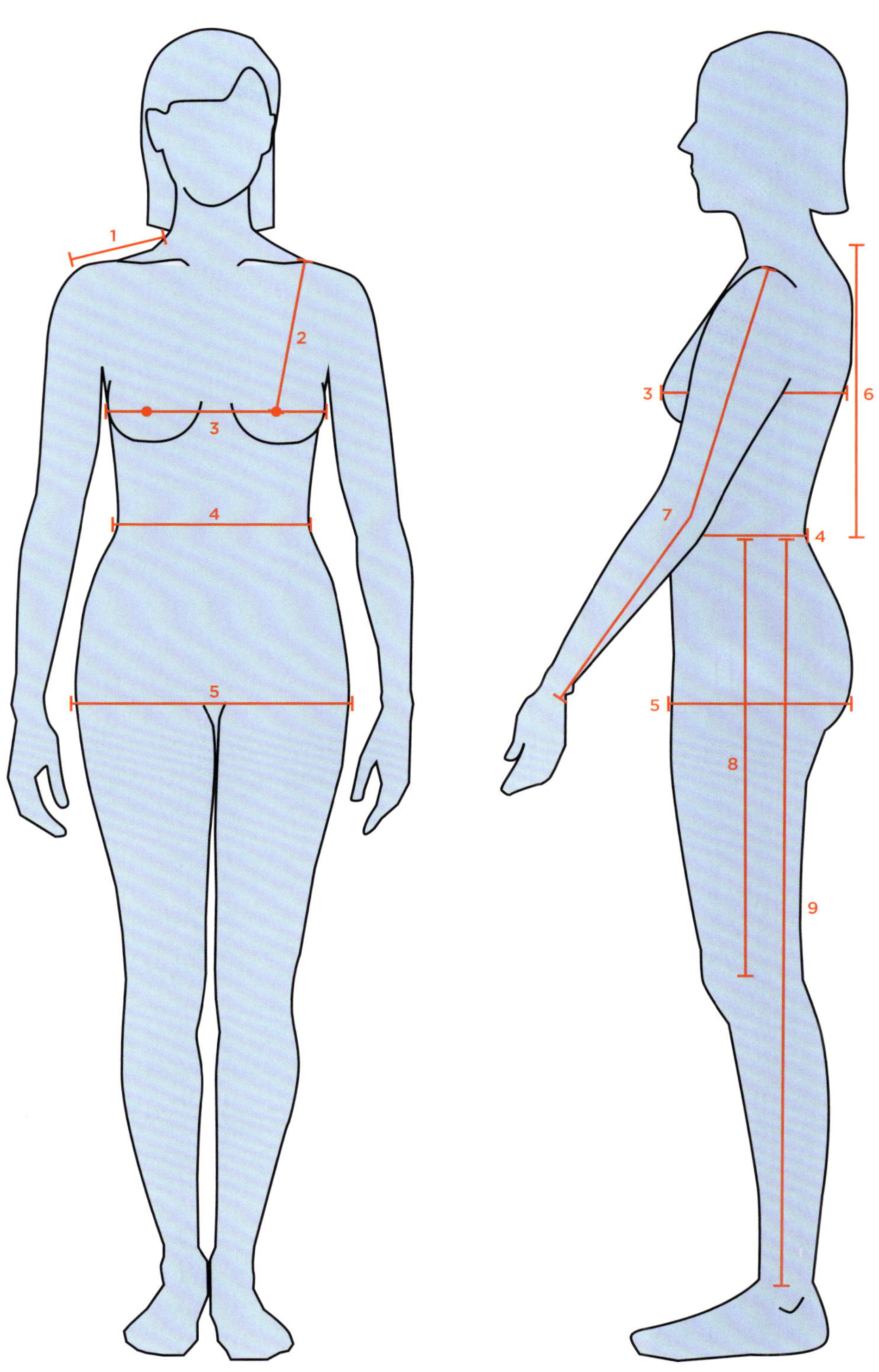
1
2
3
4
5
3
6
7
4
5
8
9

Passformkontrolle

Die Grundschnitte sind anliegend konstruiert, sodass alle daraus entwickelten Modellschnitte möglichst exakt werden. Dies gewährleistet selbst bei weiter geschnittenen Modellen einen guten Sitz.

Ein Vorteil der Konstruktion eigener Schnittmuster ist, dass man maßgeschneiderte Modelle erhält, die in Optik und Passform genau den persönlichen Vorlieben entsprechen. Damit die aus Grundschnitten entwickelten Modelle wie gewünscht sitzen, muss man sich an diesem Punkt viel Zeit für die Anpassung des Nesselmodells nehmen. Gute Vorbereitung ist alles!

Die folgende Anleitung zeigt die Passformkorrektur am Grundschnitt für das Kleid mit Abnähern und eingesetzten Ärmeln. Ein perfekt sitzender Grundschnitt schmiegt und fühlt sich wie eine zweite Haut an. Er sollte beim Gehen, Sitzen und Hochhüpfen bequem sitzen. Nessel ist nicht gerade der attraktivste Stoff – wenn das Modell aus Nessel gut aussieht, wie wird es dann erst aus einem traumhaften Stoff wirken!

Nähen des Nesselmodells

Für die perfekte Passform wird der Grundschnitt aus Nessel genäht.

Kleid

- Den Nessel der Länge nach in der Mitte falten und den Umbruch bügeln. So entsteht eine hilfreiche Mittellinie.
- Das Grundschnitt-Vorderteil mit der vorderen Mitte (VM) an den Stoffbruch legen.
- Das Grundschnitt-Rückenteil mit der hinteren Mitte (HM) zur Webkante auflegen, sodass genug Platz für eine Nahtzugabe bleibt (das fertige Modell hat eine Rückenöffnung).
- Alle Umrisse des Grundschnitts nachzeichnen und die Abnäher markieren. Beim Nesselmodell wird der gesamte Abnäher ohne Kürzung genäht, damit man bei der Anprobe sieht, ob der Brustpunkt des Grundschnitts dem am Körper entspricht! So zeigt sich auch, um wie viel die Abnäher eventuell gekürzt werden müssen, um an der Brustspitze gut zu sitzen.
- Brust-, Taillen- und Hüftlinie auf dem Nessel einzeichnen – so sieht man bei der Anprobe, ob die Linien korrekt platziert sind.
- Passzeichen einzeichnen.
- An Schulter, Armausschnitt und Seitennähten Nahtzugaben hinzufügen, nicht jedoch am Halsausschnitt – sonst würde dieser verkleinert, was sich auf den Sitz an den Schultern auswirken würde. Am Saum ist keine Nahtzugabe nötig, da die Länge keinen Einfluss auf die Passform hat.
- Die Grundschnittteile aus Nessel zuschneiden.
- Mit kontrastfarbigem Garn und großen Stichen zuerst die Abnäher, dann die Nähte heften. Dabei sorgfältig auf den Linien nähen. An der rückwärtigen Mittelnaht von der Hüftlinie bis zum Hals eine Öffnung lassen, damit Sie das Modell anziehen können.

Ärmel

- Den Ärmelgrundschnitt mit dem Fadenlauf parallel zum Stoffbruch auf den längs gefalteten Nessel legen.
- Den Umriss des Ärmels aufzeichnen, Passzeichen markieren und Nahtzugabe hinzufügen. Wie beim Rockteil ist auch hier am Saum keine Nahtzugabe nötig.
- Den Ärmel durch beide Stofflagen zuschneiden, um ein Ärmelpaar zu erhalten.

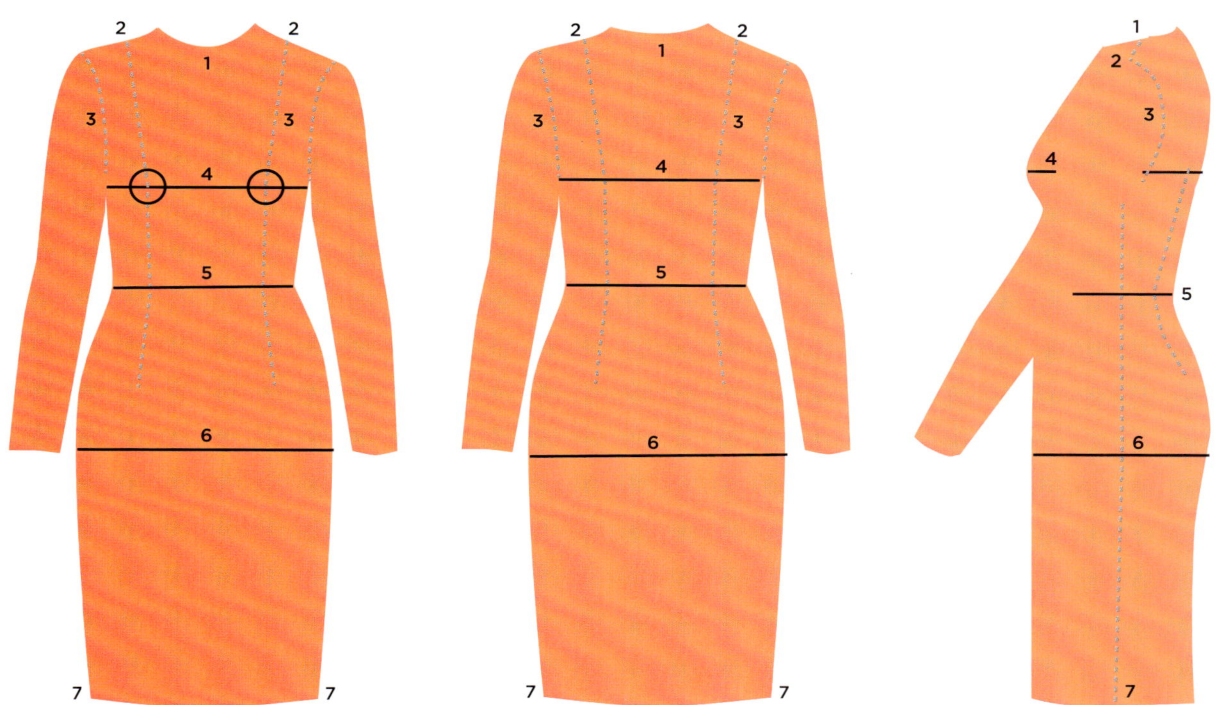

- Die lange Ärmelnaht zunähen und die Ärmelkugel in den Armausschnitt nähen.

Checkliste

Einige Punkte sind zu beachten. Die Ziffern beziehen sich auf die Abbildung oben.

1. Liegt der Halsauschnitt glatt an?
2. Passen die Schulternähte zur Schulterbreite und liegen sie flach auf?
3. Sind die Armausschnitte bequem, weder zu eng noch zu weit, und lässt sich der Arm gut bewegen?
4. Liegt die Brustlinie schön an? Sitzt der Brustpunkt auf der Spitze der Brust? Sitzt das Oberteil am Rücken gut?
5. Sitzt die Taillenpartie bequem und sitzt die Taillenlinie vorn und hinten korrekt?
6. Verlaufen die Seitennähte glatt über die breiteste Stelle der Hüften, ohne sich zu verziehen oder abzustehen?
7. Hängen die Seitennähte am Saum gerade?

Lautet die Antwort auf irgendeine dieser Fragen „nein", lesen Sie im Kapitel „Passformkorrektur" (S. 134–141) nach, wie man das Nesselmodell anpassen kann, damit es perfekt sitzt.

Grundschnitt markieren

Wenn der Grundschnitt perfekt sitzt, sollte er auf festen Karton übertragen werden, damit er immer wiederverwendet werden kann. Die Abbildung rechts zeigt, wie die fertig markierte Schnittschablone des Kleides mit Abnähern aussehen sollte. Die Abnäher gemäß dem Ausdruck des heruntergeladenen Schnittes einzeichnen.

1. Knipse für den Schulterabnäher (Enden der Abnäherschenkel), für Armausschnitt, Ärmelkugel und Nähte
2. Bohrlöcher an den Abnäherspitzen (Lochstanzer oder Scherenspitze verwenden)
3. Fadenlauf
4. Beschriftung für die vordere und hintere Mitte
5. Konstruktionslinien: Taille und Hüfte
6. Teilungsnaht Schulterpasse vorn und hinten
7. Verschiedene Abnäherpositionen und BP (roter Punkt)
8. Ärmellinien (Ärmelmitte und Ärmelkugellinie)

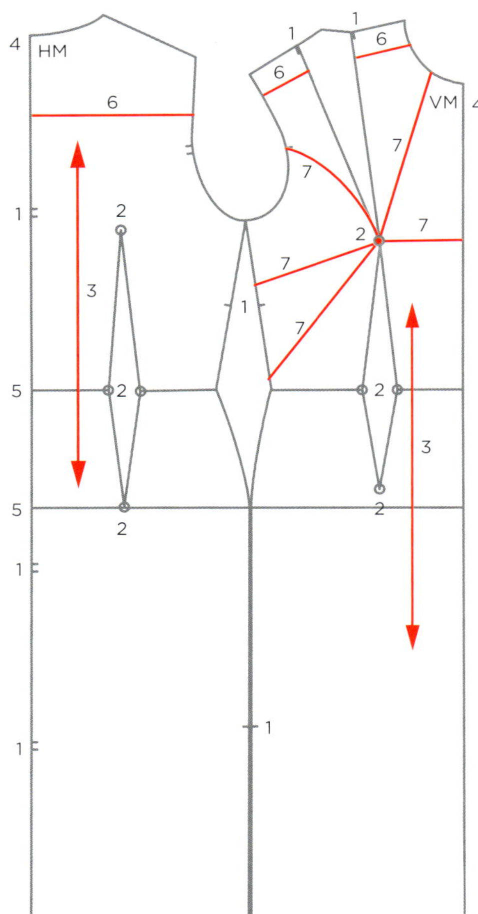

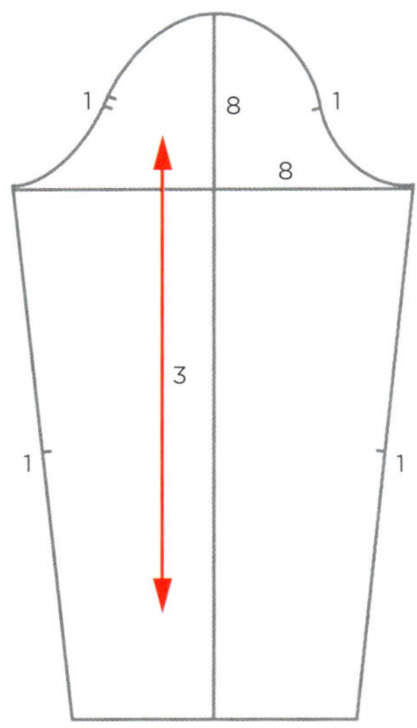

Vom Grundschnitt zum Modellschnitt

Zu Beginn der Schnittmusterkonstruktion wird der Grundschnitt stets auf einen anderen Bogen Papier übertragen – mit allen Markierungen, die für das zu konstruierende Modell relevant sind. Der Original-Grundschnitt sollte sorgsam behandelt werden, doch am Papierschnitt kann man herumschneiden, -reißen und abstecken.

In den Modellanleitungen wird erklärt, wie man Grundschnitte in Schnittmuster für die gezeigten Röcke und Kleider umwandelt. Die fotografierten Modelle wurden exakt so konstruiert, wie in den Zeichnungen dargestellt. Weitere Ideen für die

Entwürfe finden sich in den Kapiteln zu Details und Abschlussarbeiten (S. 70 und 118).

Eventuell angegebene Maße dienen lediglich als ungefähre Richtwerte – die exakten Maße und ihre Platzierung liegen bei Ihnen.

Die Nummerierung der einzelnen Schritte in den Anleitungen entspricht den roten Ziffern auf den Schnittmustern (nicht alle Schritte sind auf den Schnittmustern markiert).

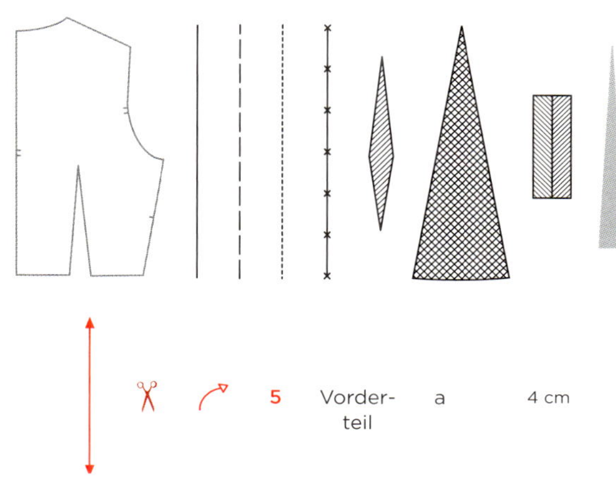

Legende

Zeichenerklärung für die Schemazeichnungen in diesem Buch (siehe Abb. von links nach rechts):

Graue Linien Die Linien des Original-Grundschnitts, die noch auf dem neuen Schnittmuster verbleiben. Durch sie sieht man, wie sich der neue Schnitt zum Grundschnitt verhält.

Schwarze Linien Die Linien des neuen Schnittmusters – die eigentlichen Zuschnittlinien oder aber Konstruktionslinien, die eingeschnitten und weiterbearbeitet werden (siehe rote Schere).

Breit gestrichelte Linien Umbruchlinien, z. B. an Taillenbund oder angeschnittenem Besatz.

Schmal gestrichelte Linien Umrisslinien, z. B. von Taschen oder Besatz.

Schwarze Linie mit Kreuzen Die Kreuze markieren die Position von Knöpfen.

Diagonal schraffierter Abnäher Die Schraffur zeigt an, den Abnäher zu ignorieren. Er könnte auch vom Papierschnitt entfernt oder erst gar nicht vom Grundschnitt kopiert werden.

Partie mit Kreuzschraffur Sie wird dem Schnitt hinzugefügt. Ist auf der Kopie des Grundschnitts Platz, kann man einfach eine neue Linie zeichnen und das Teil in einem Stück zuschneiden. Ansonsten kann die neue Partie beliebig ergänzt werden (z. B. kopierten Grundschnitt ausschneiden, auf größeres Papier kleben, dort neue Linie zeichnen). Oft werden neue Partien ausgeschnitten und angeklebt, z. B. werden aufgedrehte Partien mit Papier hinterlegt oder Extrastreifen für einen seitlich ausgestellten Rock angeklebt.

Partie mit entgegengesetzt diagonalen Linien Zeigt eine Falte an. Gefaltet sollten die Diagonalen genau aufeinanderliegen.

Graue Partie Zeigt an, wo eine Partie des kopierten Grundschnitts übereinandergelegt wird, z. B. um einen Abnäher zuzulegen.

Roter Doppelpfeil Der Fadenlauf – dieser zeigt an, in welcher Richtung ein Schnittteil auf den Stoff gelegt wird. Kann meist vom Grundschnitt übernommen werden.

Rote Schere Zeigt an, wo Konstruktionslinien zur weiteren Bearbeitung eingeschnitten werden. Oft soll eine Linie bis auf 3 mm eingeschnitten werden, sodass das Schnittteil für mehr Weite aufgedreht werden kann. Diese Technik wird auch als „einschneiden und aufdrehen" bezeichnet.

Roter Pfeil Zeigt an, in welche Richtung ein Schnittteil aufgedreht wird.

Rote Ziffer Bezieht sich auf die durchnummerierten Schritte der Anleitung.

Schwarzer Text Beschriftung der Schnittteile.

Schwarze Ziffern Empfohlene Maße.

Schnittmuster markieren

Ein Grundprinzip der Schnittkonstruktion ist die Umwandlung eines Grundschnitts in einen Modellschnitt. Beide sind auch durch ihre verschiedenartigen Markierungen zu unterscheiden.

Ein Schnittmuster ist wie eine Landkarte, an dem man sich von der ersten Idee bis zum fertigen Modell orientiert. Es kann minutiös ausgearbeitet oder eher oberflächlich sein - hier hat jeder seinen eigenen Stil. Disziplin lohnt sich jedoch, und wenn ein Schnittmuster mit allen nötigen Informationen versehen wird, kann man es immer wiederverwenden.

Ihr erster Modellschnitt könnte der Grundschnitt für das Kleid mit Abnähern sein, der um Nahtzugaben, Zuschneideinformationen und Details zu Abschlussarbeiten ergänzt wurde.

Folgende Angaben sind ein Muss auf dem Modellschnitt:

1. **Nahtzugaben** Gängige Nahtzugabenbreiten sind 1 cm oder 1,5 cm, doch bei der Kreation eigener Schnittmuster kann man hier nach Bedarf variieren. Bedenken sollte man dabei neben Stoffart (dünner Stoff benötigt weniger Nahtzugabe als dicker) und Nahtart (Overlock-, Flach-, französische Naht etc.), ob man noch Spielraum zum Anpassen oder für Änderungen lassen möchte. Die Nahtzugabe muss nicht an allen Kanten gleich sein, doch beim Nähen muss man wissen, welche Breite gerade vorliegt. Die Nahtzugabe kann z. B. am Halsausschnitt schmal, an Schultern, Armausschnitten und Ärmeln 1 cm (Standardbreite) und an den Seitennähten großzügige 2,5 cm breit sein (Spielraum zum Auslassen).
2. **Saumzugabe** Auch hier hängt die Breite von der Stoffart ab - eine normale Saumzugabe genügt für einen Babysaum an einem dünnen Chiffonrock, doch an einem Winter-Wollkleid muss sie schon etwas breiter sein. Ein großzügiger Saum verleiht einem Modell einen Hauch von Couture und erlaubt spätere Veränderungen. Ein extrabreiter Saum kann auch ein Stilmerkmal sein. Schräg zulaufende Kanten benötigen einen umgekehrt schräg zulaufenden Saum, sodass dieser nach dem Umschlagen glatt aufliegt (siehe Abbildung gegenüber: Ärmelsaum).
3. **Fadenlauf** Die Pfeile markieren die Richtung der Schnittteile auf dem Stoff. So wird gewährleistet, dass das Modell später gerade hängt. Meist ist es besser, im Längsfadenlauf (parallel zur Webkante -in Richtung der Kettfäden) zuzuschneiden - in dieser Richtung ist der Stoff am stabilsten. Im Schrägschnitt kann man zuschneiden, wenn der Stoff eine dekorative Kante hat, die man verwenden will, z. B. eine Bogenkante aus Spitze, eine bestickte oder bedruckte Bordüre oder aber, wenn der Stoff sich dehnen soll - dazu muss der Stoff im 45°-Winkel zum Fadenlauf zugeschnitten werden. Modelle im Schrägschnitt finden Sie auf den Seiten 104–109.
4. **Passzeichen** Diese sind wie Wegweiser, die für Design und Passform wichtige Punkte markieren und dank derer man Schnittteile akkurat verbinden kann. Setzen Sie Passzeichen an Abnäherenden, in regelmäßigen Abständen an Nähten entlang, an Ärmelkugel und Armausschnitt sowie an allen anderen Punkten, an denen Schnittteile verbunden werden. Am Armausschnitt ist es üblich, den Vorderärmel mit einem einfachen Knips zu markieren, den Hinterärmel mit einem doppelten. Es ist besser, viele Passzeichen zu haben als zu wenige - im Zweifel lieber eines setzen!
5. **Abnäher** Abnäher, die an außen liegenden Nähten enden, am besten in der Richtung ins Papier falten, in der sie im Stoff liegen sollen. Auf der Nahtzugabelinie abschnei-

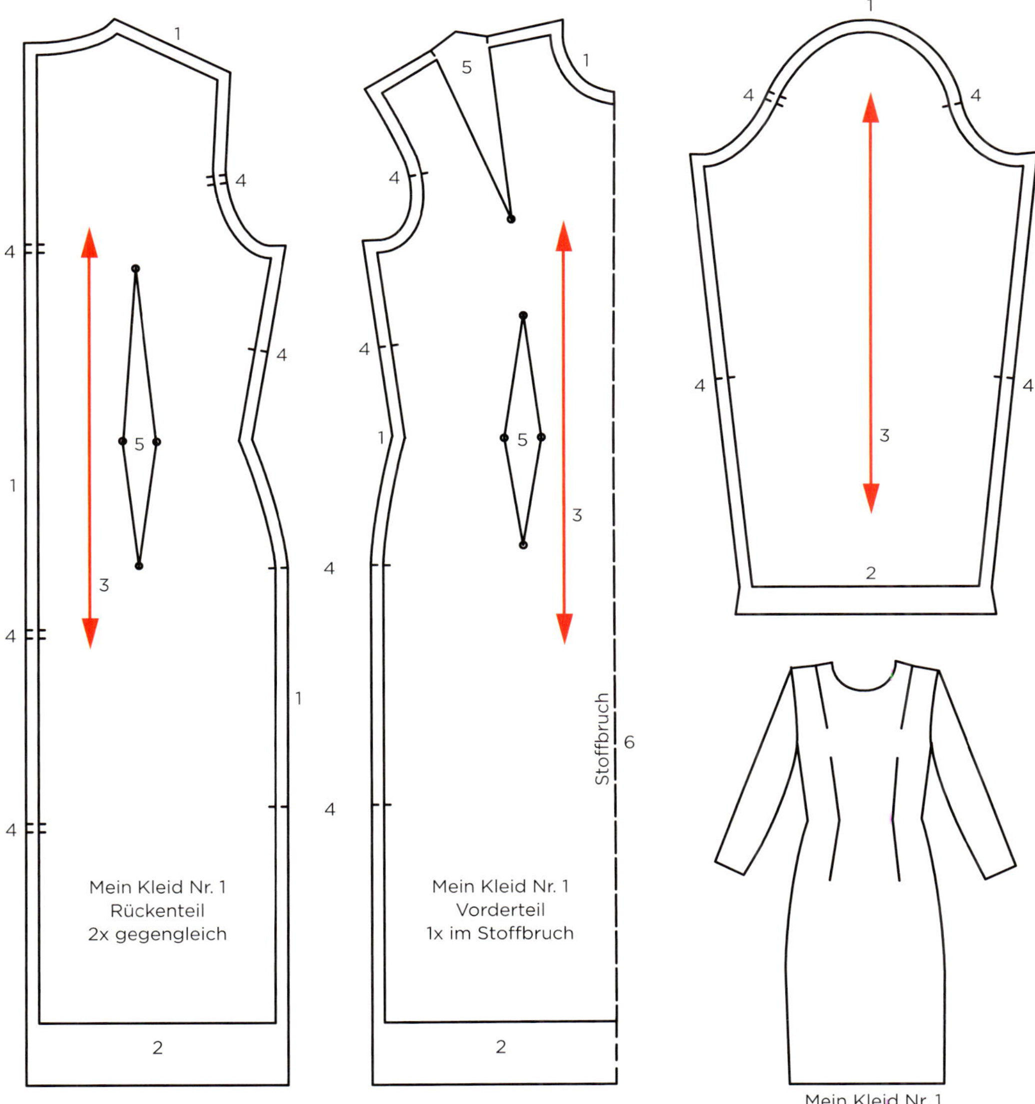

Mein Kleid Nr. 1

den und wieder auffalten. Am Papier ist ein kleines, nach außen stehendes Dreieck entstanden, das sogenannte Abnäherdach. Nicht abschneiden – es ist wichtig, damit später beim Falten genügend Stoff in der Naht liegt. Die Enden der Abnäherschenkel werden an der Nahtzugabe mit Knipsen markiert. Bei innen liegenden Abnähern mit dem Stanzer oder einer Nadel ein Bohrloch setzen. Zum Schluss die Abnäherschenkel einzeichnen.

6. **Stoffbruch** Er wird durch eine gestrichelte Linie gekennzeichnet und beschriftet. Dies bedeutet, dass ein Schnittteil (meist die VM) genau am Stoffbruch aufgelegt wird. Er kann auch anzeigen, wo eine Partie gefaltet werden muss (z. B. angeschnittener Besatz am Tascheneingriff, Mitte eines Taillenbunds).

Zusätzliche Markierungen

- **Kräusel, Falten und Biesen** Für Kräuselfalten an beiden Enden der zu kräuselnden Partie einen Knips setzen und dazwischen eine kleine Wellenlinie ziehen. Wird die gekräuselte Partie an ein anderes Schnittteil angesetzt, auch dort die entsprechenden Knipse setzen. Eine Maßangabe kann zugefügt werden, z. B. „auf 15 cm einkräuseln". Für Falten beide Enden und die Mitte jeder Falte markieren und einen Pfeil für die Richtung der Falte einzeichnen. Bei einem Faltenrock (Abb. rechts, Kilt von S. 68) die Falten oben und unten markieren, damit sie gerade werden. Für Biesen beide Enden der Biese sowie die Richtung markieren.
- **Position von Details** Die Ecken von Taschen, die Position von Knöpfen und Knopflöchern und alles andere markieren, das Sie hilfreich finden.

Beschriftung des Schnittmusters

- **Bezeichnung des Schnittteils** Vorderteil, Rückenteil, Ärmel, Kragen, Passe etc.
- **Anzahl der zuzuschneidenden Teile pro Schnittteil** Beispiel: Ärmel 2x im Stoffbruch, Manschette 4x (je 2 für Unter- und Oberseite).
- **Vordere und hintere Mitte** VM und HM.
- **Rechte Seite oben (rechts oben)** Bei asymmetrischen Schnittteilen kennzeichnen.
- **Verstärkung** Markieren, welche Partien verstärkt werden müssen, z. B. Kragen, Bund, Besatz, Knopfleiste, Tascheneingriff.
- **Zusätzliche Anmerkungen** Alle außergewöhnlichen Angaben notieren, die sonst vergessen werden könnten.

Wenn Sie viele Schnittmuster anfertigen, jedes mit Modellnamen oder Nummer versehen, damit Teile nicht durcheinandergeraten. Eine Skizze oder ein Foto des fertigen Modells auf die Hülle des Schnittes heften. Das Datum kann nützlich sein (bei evtl. Gewichtsschwankungen). Auch ein Blatt mit Nähtipps kann zugefügt werden.

Vom Schnitt zum Kleid

In diesem Buch geht es um die Konstruktion von Schnittmustern, weniger um das Nähen der Modelle. Hier nur einige Tipps, damit das Nähen gelingt.

Nähen: Die richtige Reihenfolge

1. Sämtliche Abnäher, Falten, Biesen und Kräusel nähen.
2. Die Hauptnähte schließen: Schulter, Seiten-, Rücken- und Ärmelnähte.
3. Ärmel einsetzen.
4. Besatz, Einfassungen und andere Versäuberungen nähen.
5. Verschlüsse wie Reißverschlüsse, Knöpfe und Knopflöcher anbringen.
6. Säume umschlagen (Ausnahme: Bei Modellen mit Falten ist das Nähen der Säume der erste Schritt).
7. Knöpfe annähen.
8. Handgenähte Details arbeiten.

Abschlussarbeiten

- **Besatz** Eine Partie eines Schnittteils wird spiegelbildlich zugeschnitten und an der Innenseite angenäht als sauberer Abschluss von Hals- und Armausschnitten, Vorderkanten und gerundeten Säumen. Meist wird er mit Vlies verstärkt. Bei gefütterten Modellen kann das Futter am Besatz angenäht werden.
- **Angeschnittener Besatz** Dieser wird einfach umgeschlagen. Er kann nur an geraden Kanten gearbeitet werden (z. B. Vorderkante und Saum von Hemden, siehe Hemdkleid S. 88).

TIPPS BEACHTEN!

In den Anleitungen für Kleider und Röcke finden sich zahlreiche Kästen mit Tipps zu Konstruktion und Fertigstellung.

- **Einfassung** Eine weitere Art der Kantenversäuberung, z. B. an Hals- und Armausschnitt. Dafür kann man Schrägband kaufen oder dieses aus schräg zugeschnittenen Stoffstreifen selbst anfertigen. Die Einfassung kann die Kante umschließen (von rechts sichtbar) oder aber verstürzt und von Hand oder mit der Maschine angenäht werden (von rechts unsichtbar). Man kann sogar die Kanten eines Besatzes einfassen. Für selbst gemachte Einfassungen dünnen Seiden- oder Baumwollstoff verwenden.
- **Ziersticheh** Ihre Nähmaschine hat vielleicht einige interessante Zierstiche im Programm, z. B. eine Bogen- oder Muschelkante. Für dicke Stoffe eignet sich der Knopflochstich (Knopflochgarn verwenden).
- **Offene Kanten** Eine offene Kante kann ein Stilmerkmal sein! Eine Geradstichnaht oder ein schmaler Zickzack verhindern Ausfransen.
- **Futter** Ein Futter kann einem Modell den perfekten Fall und Sitz verleihen. Das Futter mithilfe der Schnittteile konstruieren, entweder zum Annähen an der Oberkante oder am Besatz des Modells. Nicht vergessen, an Besatz und Futter Nahtzugaben zuzufügen.
- **Verschlüsse** Auf Haushaltsmaschinen genähte Modelle werden oft durch unsaubere Knopflöcher verdorben. Interessante Alternativen: Knopf mit Schlinge, eingefasste oder in der Naht verborgene Knopflöcher, überzogene (Snap-)Druckknöpfe, Haken und Ösen, Reißverschlüsse, Fibeln und Kiltnadeln.

Kapitel 3

Röcke

Bleistiftrock

Dieser Klassiker schmeichelt den meisten Frauen – ob in winterlichem Tweed, eleganter Spitze für den Abend oder lässigem Leinen für den Sommer. Auch die Länge ist variabel: für einen Minirock oberhalb des Knies kürzen, für ein braveres Outfit bis zur Wade verlängern. Für das Anpassen viel Zeit nehmen, da der Schnitt die Basis vieler Modelle in diesem Buch ist.

Schnittkonstruktion

Grundschnitt: Rockteil aus dem Kleid mit Abnähern.

Vorderteil

1. Vordere Taille an der VM um 13 mm vertiefen (a). Von VM bis Seitennaht eine neue geschwungene Taillenlinie einzeichnen (ab).
2. Gewünschte Rocklänge festlegen und ab der neuen Taillenlinie abmessen (ac).
3. Durch Einstellen des Saumes die klassische Form des Bleistiftrocks konstruieren: Den unteren Saum an der Seitennaht (d) um 2,5 cm zur VM abtragen und eine neue Seitennaht zeichnen, beginnend bei $^2/_3$ der Gesamtlänge ab Taillenlinie (de), nicht höher, sonst wird der Rock am Gesäß zu eng!

PERFEKTE PASSFORM

> Den Bleistiftrock an den Hüften nicht zu eng konstruieren. Er sollte beim Tragen noch etwas Spiel haben, sonst verzieht sich der Stoff und wirft unschöne Falten.

> Hier und in allen weiteren Anleitungen beziehen sich die roten Ziffern auf die Nummerierung der einzelnen Schritte.

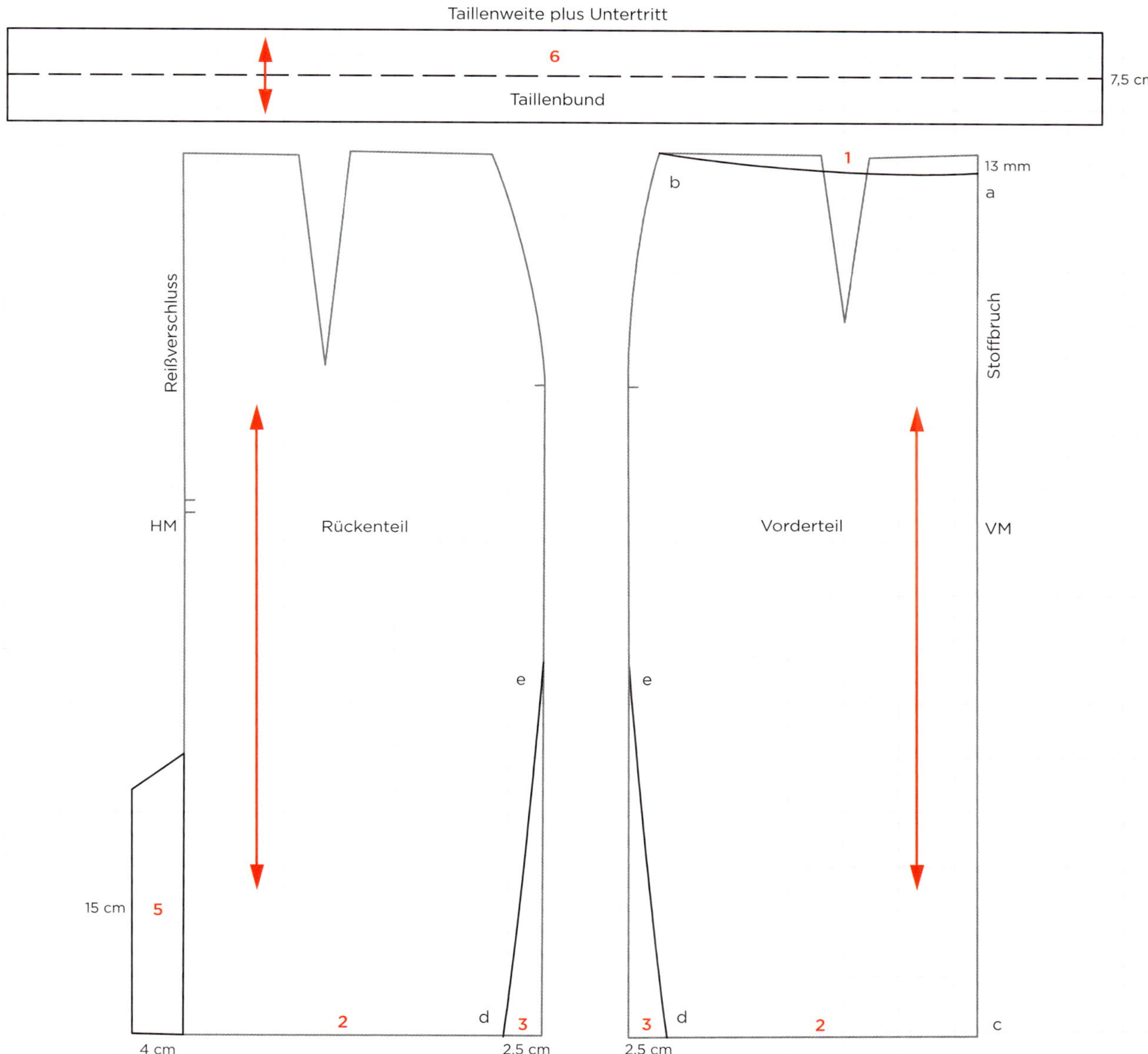

Rückenteil

4. Die Taillenlinie bleibt gerade. Ansonsten Schritt 2 und 3 des Vorderteils befolgen.
5. Die Länge des Gehschlitzes festlegen – Standard sind 15 bis 18 cm. An der rückwärtigen Mittelnaht ein 4 cm breites Rechteck anzeichnen und die Oberkante abschrägen.

Taillenbund

6. Ein Rechteck nach folgenden Maßen zeichnen: Taillenweite + 3 cm Untertritt für den Verschluss x doppelte gewünschte Höhe des Bundes – Standard sind 4 cm.

Glockenrock

Der Glockenrock ist ein vielseitiger Schnitt, der die Grundlage vieler Modelle ist. Er ist leger und praktisch, bietet viel Gehfreiheit und man kann damit sogar Rad fahren. Spielen Sie zur Abwandlung mit Details wie Falten und Taschen. Die klare Form wirkt in festem Stoff wie Jeansstoff, Baumwolltwill oder Wollgabardine am besten.

ALTERNATIVEN

> Für einen besonders sauberen Abschluss die Passe doppelt zuschneiden und verstürzen.

> Die VM entweder am Stoffbruch platzieren oder Nahtzugabe anfügen und als Extradetail eine abgesteppte Naht arbeiten.

> Durch Aufdrehen ab der Passenlinie (Punkte i und j) erhält der Rock noch mehr Weite.

Schnittkonstruktion

Grundschnitt: Rockteil aus dem Kleid mit Abnähern. Es wird gleichzeitig an Vorder- und Rückenteil gearbeitet.

Passe

1. Den Grundschnitt von Vorder- und Rückenteil nebeneinanderlegen und die Rocklänge festlegen.

2. Konstruktion der Passe:
   ▸ An der VM 7,5–10 cm unterhalb der Taillenlinie einen Punkt markieren (a).
   ▸ An der Seitennaht des Vorderteils 6,5 cm unterhalb der Taillenlinie einen Punkt markieren (b).
   ▸ An der Seitennaht des Rückenteils 6,5 cm unterhalb der Taillenlinie einen Punkt markieren (c).
   ▸ An der HM 6,5 cm unterhalb der Taillenlinie einen Punkt markieren (d).
   ▸ Die Punkte verbinden (ab, cd), die Passe auf der Linie vom übrigen Rockschnitt abschneiden. Es entstehen vier Passenteile.

3. VM und HM der Passenteile bleiben gerade. Seitliche Passenteile eindrehen, um die Abnäher zu schließen. Nun hat man ein vorderes und ein rückwärtiges Passenteil. Taillen- und Passenlinie der neuen Schnittteile abrunden.

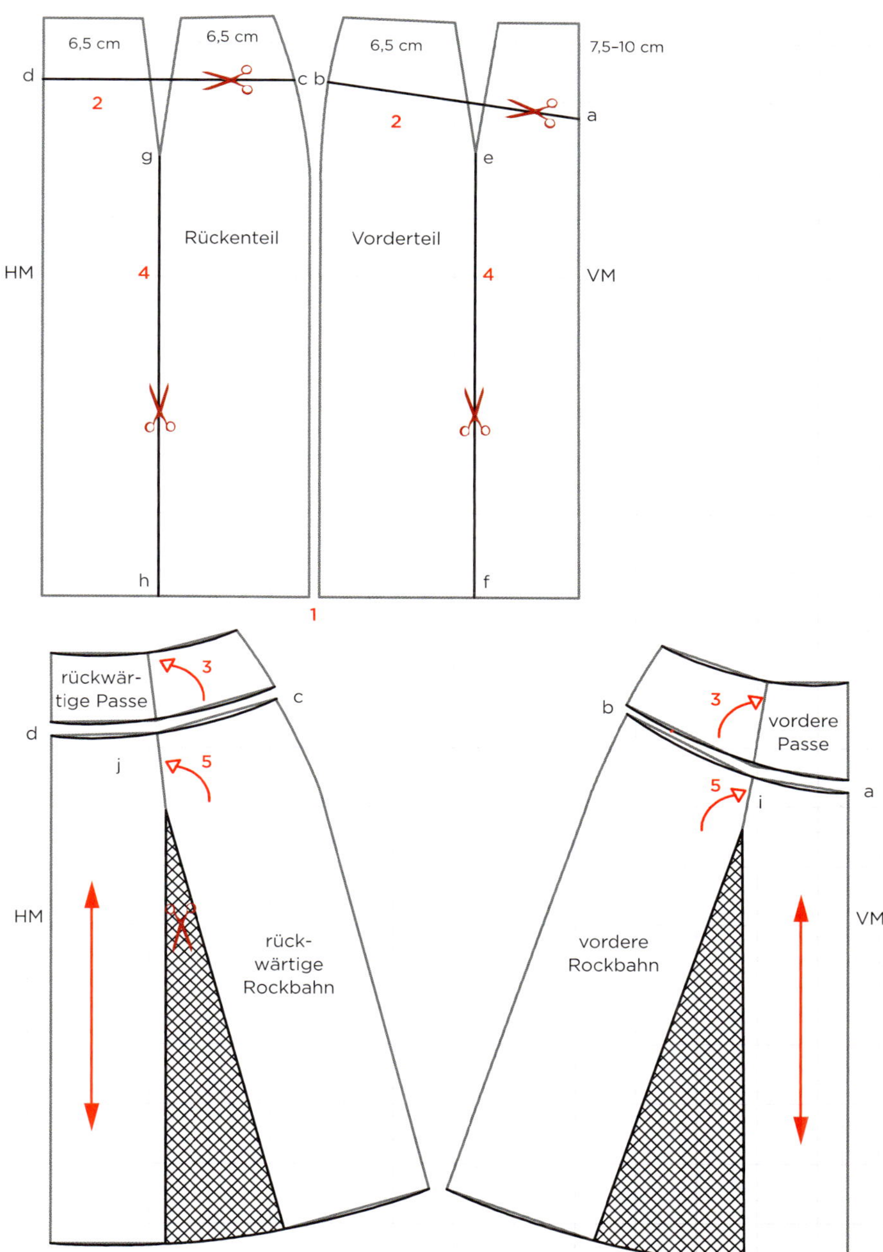

Rock

4. Durch die Mitte des vorderen und hinteren Taillenabnähers eine Linie bis zum Saum ziehen (ef, gh) und durchschneiden.

5. VM und HM bleiben gerade. Seitenteile eindrehen, um die Abnäher zu schließen. So entsteht in der Mitte jeder Rockpartie eine dreieckige Öffnung; dadurch wird die Mehrweite gleichmäßig verteilt und die glockige Form gebildet. Saum- und Hüftlinie abrunden.

Rock mit Godets

Godets nennt man die keilförmigen Einsätze, die dem klassischen Bleistiftrock am Saum mehr Weite und Schwung verleihen. Sie sind ideal zur Resteverwertung und können beliebig breit oder schmal sein. Bei diesem Rock können Sie experimentieren: Neckisch kurz oder knöchellang und elegant – und vergessen Sie nicht, sich zu drehen!

TIPPS

> Zur Konstruktion eines Godetrocks gibt es zwei Methoden, mit Einsätzen wie im gezeigten Beispiel oder mit Bahnen (siehe S. 50), die zwischen den Nähten eingesetzt werden.

> Die Godetspitze zur Stabilisierung der Nähte mit einem viereckigen Stück Bügelvlies verstärken.

Schnittkonstruktion

Grundschnitt: Rockteil aus dem Kleid mit Abnähern.

Vorder- und Rückenteil

1. Die Rocklänge festlegen. Sie kann später nicht mehr geändert werden, da der Saum eingeschnitten wird. Länge des abgebildeten Modells (Gr. 38): 56 cm von Taille bis Saum.
2. Weitere Schritte wie beim Bleistiftrock (S. 44); nur der Gehschlitz entfällt.

Vorderteil

3. Die Position der Godets einzeichnen: Insgesamt sechs Godets gleichmäßig über den Saum verteilen. Dazu die Gesamtweite des Vorderteils durch drei teilen und dieses Maß ab der Seitennaht abmessen (a). Das Grundschnittteil ist nur der halbe Vorderrock, daher sollte der Abstand von Punkt (a) zur VM halb so groß sein wie der Abstand von der Seitennaht zu Punkt (a).
4. Von Punkt (a) bis zur gewünschten Höhe des Godets eine senkrechte Linie ziehen (ab). Dies ist etwa die Höhe, ab der die Seitennaht des Bleistiftrocks eingestellt wurde.
5. Beidseits der Linie (ab) am Saum 2,5 cm abmessen und ein Dreieck (cbd) einzeichnen.

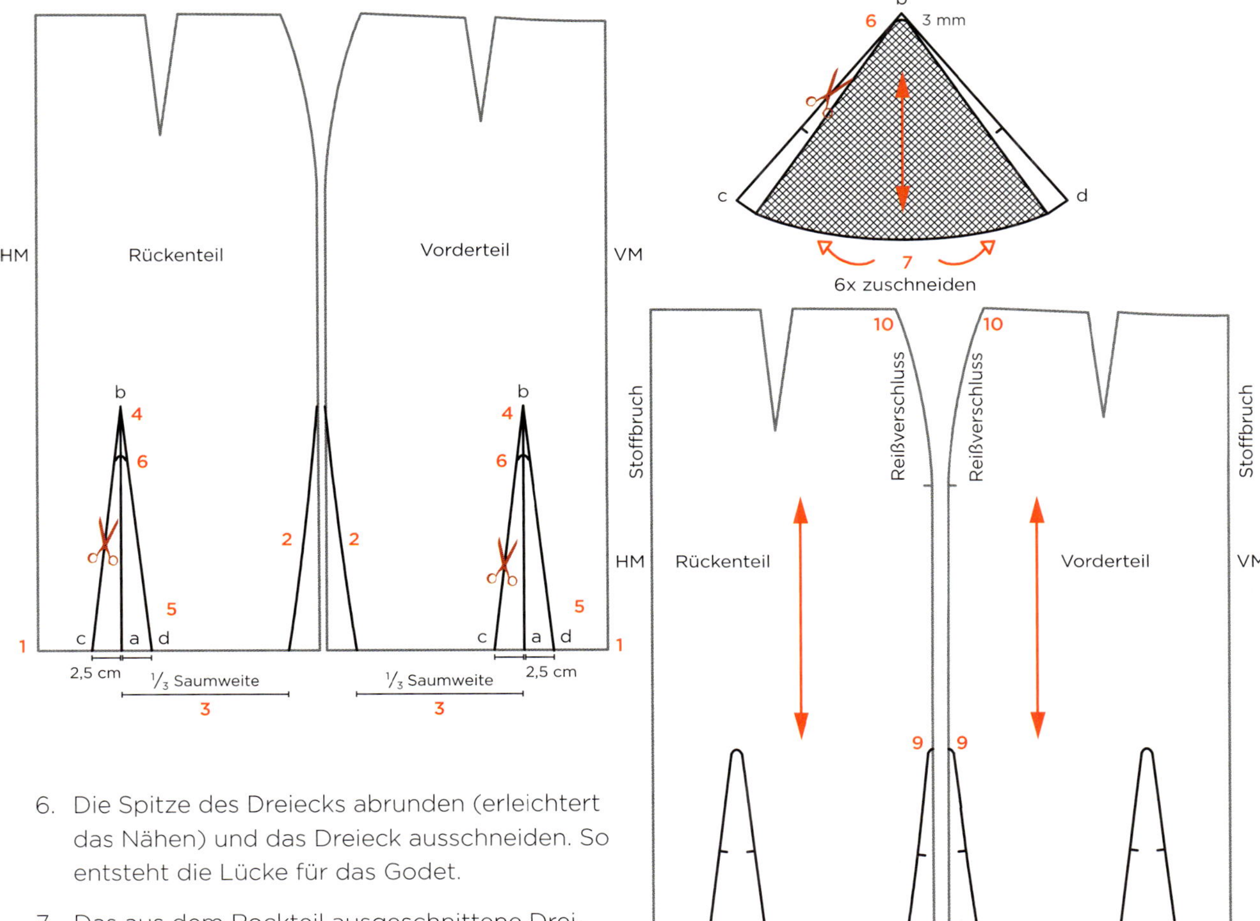

6. Die Spitze des Dreiecks abrunden (erleichtert das Nähen) und das Dreieck ausschneiden. So entsteht die Lücke für das Godet.

7. Das aus dem Rockteil ausgeschnittene Dreieck an der Mittellinie bis 3 mm vor der Spitze einschneiden. Für die Weite des Godets beide Seiten ab der Mittellinie aufdrehen. Je weiter aufgedreht wird, desto voller fällt das Godet. Die aufgedrehten Partien durch eine abgerundete Linie zu einem „Tortenstück" verbinden. Sechs Godets zuschneiden.

8. Da aus dem Saum Partien ausgeschnitten wurden, muss der Saum angepasst werden. Dabei vorgehen wie bei einem Besatz: Die Saumzugabe wie abgebildet spiegelbildlich anzeichnen. Die Godets werden mit einem Babysaum gearbeitet.

Rückenteil

Schritte 3–7 des Vorderteils wiederholen.

Seitennähte

9. Der Platz für die Godets in der Seitennaht ist durch das Einstellen des Saumes für den Bleistiftrock entstanden. Die Linie oben am Godeteinsatzpunkt ebenfalls abrunden.

10. Den Rock am besten mit seitlichem Reißverschluss arbeiten; HM und VM im Stoffbruch zuschneiden.

Abschlussarbeiten

Für die Taille einen Bund oder einen Besatz konstruieren (siehe S. 41).

Bahnenrock

Bei diesem Rock wird die klassische Form des Bleistiftrocks durch eine erhöhte Taille und geraffte Bahnen am Vorderteil abgewandelt. Ergebnis ist ein sexy, figurbetontes Modell, das den Rundungen schmeichelt oder gerade Hüften kurviger wirken lässt. Die Bahnen können auch in zwei Farben gearbeitet werden. Ein Stoff mit leichtem Stretchanteil, z. B. ein Woll- oder Baumwollwebstoff mit Elasthan, ist ideal für diesen Rock. Für das abgebildete Modell wurde Stretch-Baumwollsatin verwendet.

Schnittkonstruktion

Grundschnitt: Kleid mit Abnähern.

Vorderteil

1. 5 cm oberhalb der Taillenlinie des Grundschnitts eine Linie ziehen und das Rockteil von dort aus zeichnen. So entsteht die erhöhte Taille.
2. Von der Abnähermitte zum Saum eine Linie ziehen (ab) und durchschneiden. Es entstehen zwei Bahnen.
3. An der seitlichen vorderen Rockbahn von der Oberkante bis zur Abnäherspitze in gleichem Abstand sechs parallele Linien ziehen.
4. Jede dieser Linien vom Abnäher bis 3 mm vor der Seitennaht einschneiden.
5. An den eingeschnittenen Linien fächerförmig je 2 cm aufdrehen. So entsteht an der mittleren vorderen Rockbahn die Mehrweite, die später für den gerafften Effekt wieder eingekräuselt wird.

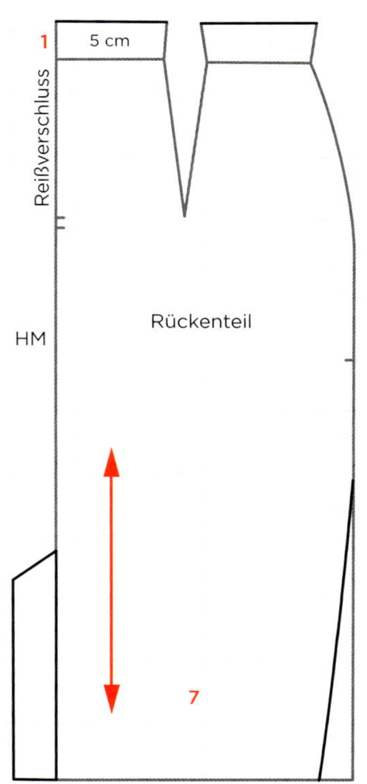

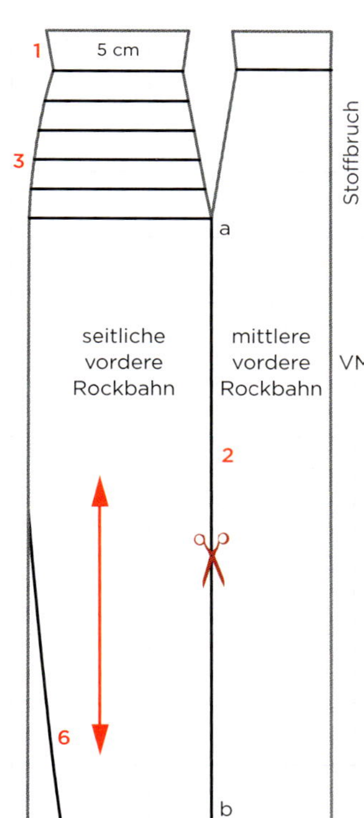

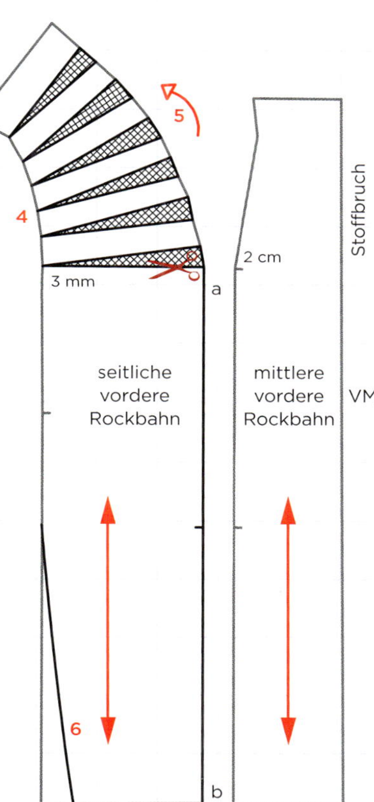

6. Den eingestellten Rocksaum nach Schritt 2–3 des Bleistiftrocks (S. 44) arbeiten.

Rückenteil

7. Wie Schritt 4 sowie 2–3 des Bleistiftrocks (S. 44) arbeiten.

TIPP

Die Taille entweder mit Schrägband verstürzen oder einen Formbesatz arbeiten.

Tulpenrock

Diese Variante des klassischen Bleistiftrocks wird durch Falten modelliert, die sowohl uni als auch bedruckte Stoffe schön plastisch wirken lassen. Je nach verwendetem Stoff können die Falten an der Taille dezent und elegant oder extravagant und peppig sein: Lassen Sie Ihre Tulpe sprechen!

TIPP

Die Falten zur Mitte hin einlegen (in Gegenrichtung zum vorherigen Aufdrehen).

Schnittkonstruktion

Grundschnitt: Rockteil aus dem Kleid mit Abnähern.

Vorder- und Rückenteil

1. Nach der Anleitung auf Seite 44 f. einen Bleistiftrock konstruieren. Der abgebildete Tulpenrock hat einen erhöhten Taillenbund.

Vorderteil

2. Die Falten einzeichnen:
   ▸ 1. Falte – auf einem neuen Bogen Schnittmusterpapier am Stoffbruch der VM eine senkrechte Linie von der Länge des Rockes aufzeichnen (ab) und das Schnittmuster des Bleistiftrocks an dieser Linie auflegen.
   ▸ 2. Falte – auf dem Schnitt des Bleistiftrocks eine gerade Linie von der Abnäherspitze bis zum Saum ziehen (cd).
   ▸ 3. Falte – auf dem Schnitt des Bleistiftrocks eine gerade Linie von der Mitte der seitlichen Taillenpartie (e) bis auf $^{2}/_{3}$ der Höhe der Seitennaht ab der Taille (f) ziehen.

3. Das Schnittmuster aufdrehen – je weiter aufgedreht wird, desto breiter wird die Falte. Die angegebenen Maße gelten für das abgebildete Modell in Gr. 38.
   ▸ 1. Falte aufdrehen – den Rock am VM-Saum um 10 cm von der Linie (ab) aufdrehen. Dies ergibt die Mittelfalte.
   ▸ 2. Falte aufdrehen – den Abnäher und die Linie (cd) bis 3 mm vor dem Saum einschneiden. Für die 2. Falte die abgetrennte Partie um 15 cm von der VM weg aufdrehen.

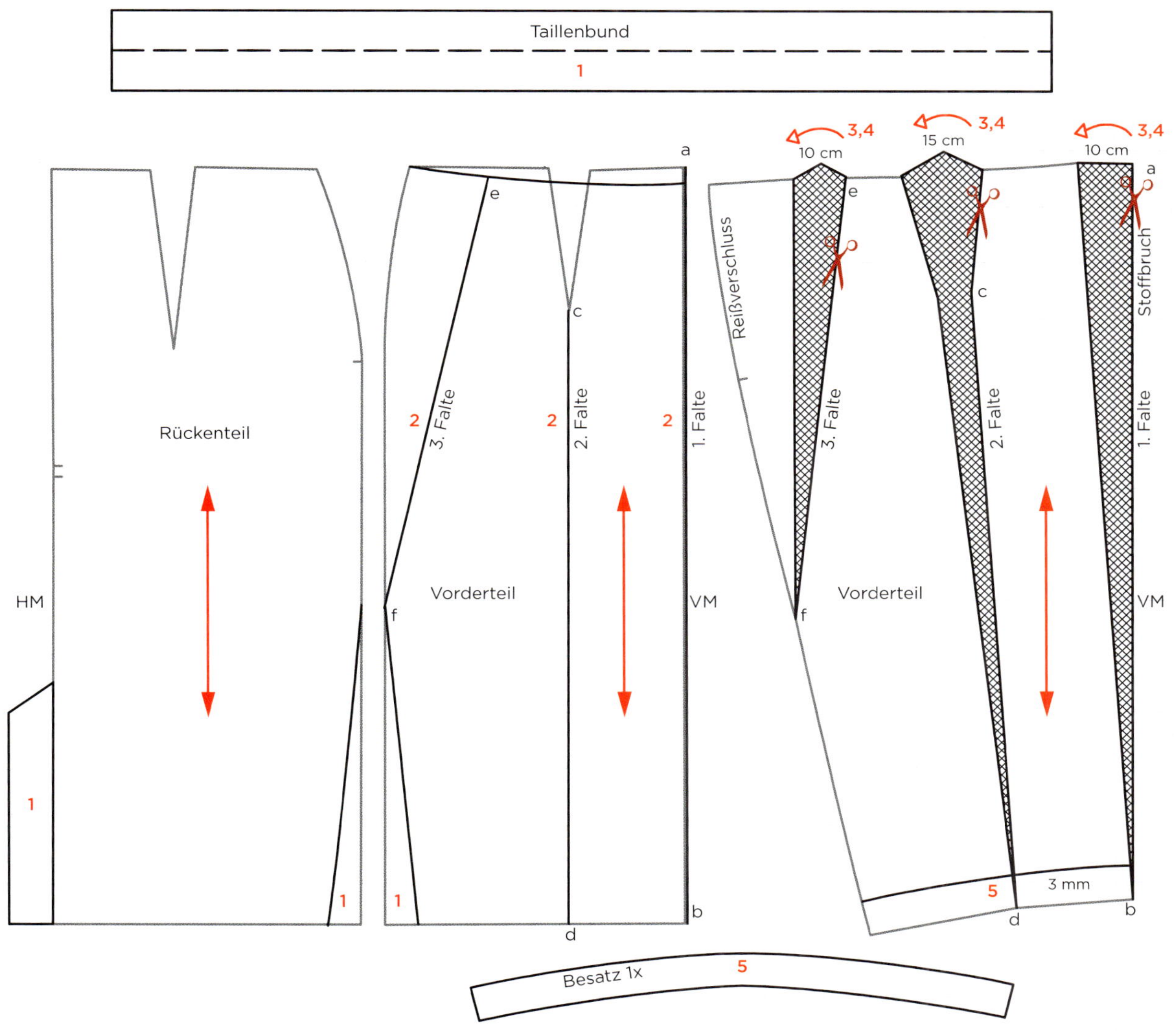

▸ 3. Falte aufdrehen – Die Linie (ef) bis 3 mm vor der Seitennaht einschneiden. Für die 3. Falte die abgetrennte Partie um 10 cm von der VM weg aufdrehen. Damit ist das Schnittmuster des Tulpenrocks fertig.

4. Den Umriss des veränderten Schnittmusters auf einen untergelegten neuen Bogen Papier zeichnen. Die einfachste Methode zur Konstruktion der Faltendächer: Das veränderte Schnittmuster mit überstehendem Papier an der Taille ausschneiden, die Falten zur VM hin einlegen und eine durchgehende Taillenlinie zeichnen. Nahtzugabe zufügen und erneut ausschneiden. Beim Auffalten des Schnittes haben die Falten perfekte Dächer!

5. Den Saum begradigen und einen Besatz aufzeichnen (siehe S. 41).

Halber Tellerrock

Dieser Rock wirkt aus schwer fallendem Stoff wie Viskose am schönsten. Der Schnitt schmeichelt der Figur, da die Passe an Bauch und Hüften flach anliegt (anders als beim Tellerrock, der ab der Taille üppig weit fällt). Die Weite des Rockteils kann durch mehr oder weniger starkes Aufdrehen reguliert werden. Für die seitliche Knopfleiste können Sie Ihre Knopfschachtel plündern.

KNOPFLEISTE

> Für besseren Halt von Knöpfen und Knopflöchern die Knopfleiste mit Vlies verstärken.

> Bei kontrastfarbigen Knöpfen sieht es hübsch aus, wenn das Knopflochgarn farblich nicht auf den Stoff, sondern auf die Knöpfe abgestimmt ist.

Schnittkonstruktion

Grundschnitt: Rockteil aus dem Kleid mit Abnähern (nur Vorderteil). Vorder- und Rückenteil dieses Rockes sind identisch.

Abtrennen der Passe

1. Auf dem Grundschnitt eine waagrechte Linie durch die Abnäherspitze ziehen (ab) und durchschneiden.
2. Die VM bleibt gerade. Die seitliche Passenteil zur VM eindrehen, um den Abnäher zu schließen. Damit ist die Passe fertig.

Saumerweiterung

3. Von der Abnäherspitze zum Saum eine senkrechte Linie ziehen (cd) und vom Saum bis 3 mm vor dem Taillenabnäher einschneiden.
4. Die VM bleibt gerade. Die seitliche vordere Rockbahn etwa im 45°-Winkel zur VM aufdrehen. Je weiter aufgedreht wird, desto schwingender fällt der Rock. An diesem Punkt jedoch überprüfen, ob die Breite des verwendeten Stoffes ausreicht.
5. Um die Weite gleichmäßig über den Rock zu verteilen, an der Seitennaht ein Dreieck anfügen. Dessen Winkel muss halb so groß sein wie der des in Schritt 4 durch das Aufdrehen konstruierten Dreiecks.

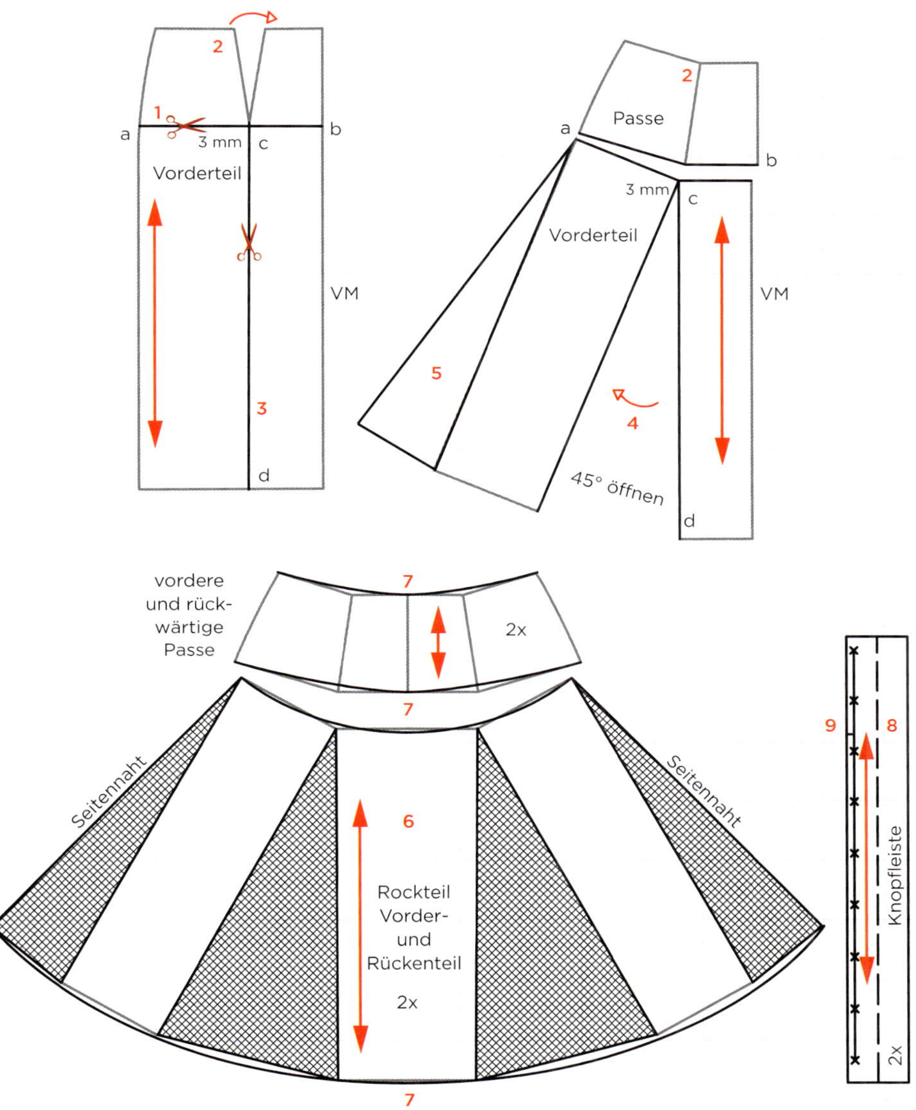

6. An diesem Punkt kann das Schnittteil des Rockes vom Viertel- zum Halbkreis abgewandelt werden, da Vorder- und Rückenteil identisch sind. Dazu den Umriss des Viertel-Rockteils nachzeichnen, an der VM auf die andere Seite klappen und den Umriss erneut nachzeichnen.

7. Außer den Seitennähten alle Umrisslinien abrunden.

Knopfleiste

8. Die rechteckige Knopfleiste konstruieren:
   ▸ Länge = Seitennaht der Passe + Seitennaht des Rockteils
   ▸ Breite = 7,5 cm
   Längs in der Mitte den Stoffbruch einzeichnen. Die Knöpfe gleichmäßig verteilen.

9. In der Höhe, in der die Seitennähte von Passe und Rockteil aufeinandertreffen, an der Knopfleiste einen Knips setzen.

Tellerrock

Ein Klassiker der 1950er-Jahre – wunderschön aus einem sommerlichen Baumwolldruck. Ganz anders wirkt der Rock in Kombination mit der trägerlosen Korsage von Seite 102. Aus mehreren Lagen Chiffon wird er zum opulenten Abendrock. Eine Lage Futterstoff und mehrere Lagen Tüll machen daraus einen tollen Petticoat, um ein Ballkleid aufzupeppen.

Schnittkonstruktion

Grundschnitt: Rockteil des Grundschnitts für das Kleid mit Abnähern (nur Vorderteil).

Konstruktion eines Viertelrock-Schnittteils

1. Die gewünschte Rocklänge festlegen.
2. Von der Spitze des Taillenabnähers zum Saum eine Linie ziehen und das Schnittteil daran durchschneiden.
3. Den Taillenabnäher zulegen. Anmerkung: Wird die Schnittkonstruktion hier beendet, entsteht ein Rock mit einem schönen glockigen Fall.
4. Die seitliche Rockbahn an der Abnähermitte (c) weiter aufdrehen, bis sie rechtwinklig zur VM steht.
5. Den Abnäher in der Seitennaht (der nun waagrecht liegt) begradigen, sodass an der Taillenlinie ein rechter Winkel entsteht.

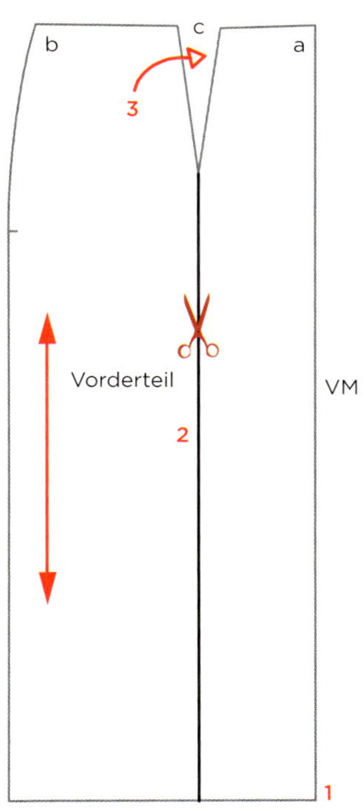

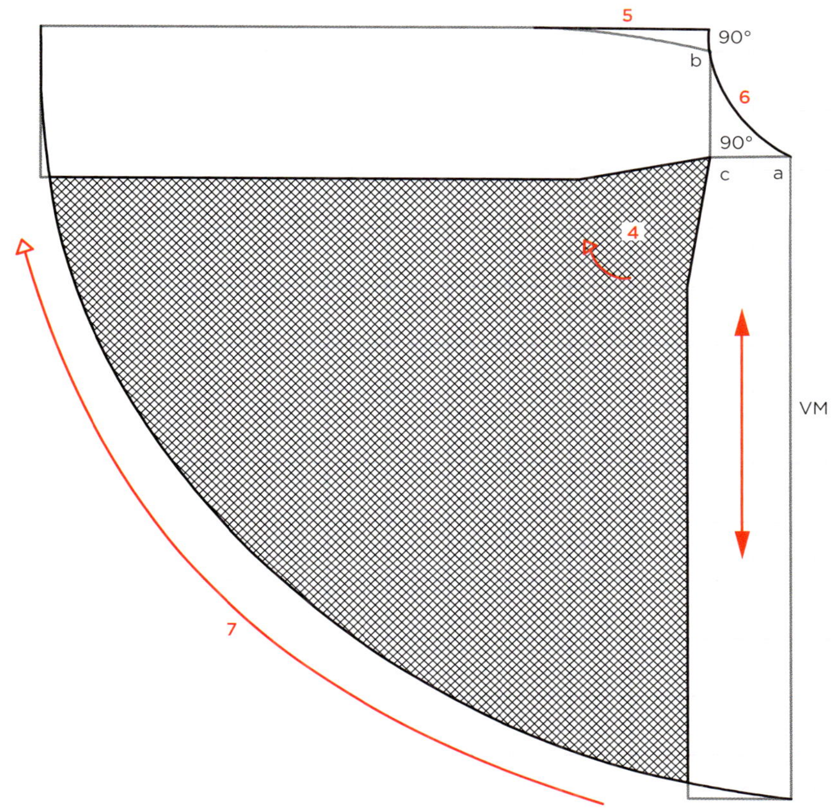

6. Diesen Winkel zu einer Kurve abrunden, deren Länge ein Viertel der gemessenen Taillenweite (ac + bc) betragen muss.
7. Zwischen den beiden Teilen eine abgerundete Saumlinie zeichnen.
8. Vor dem Nähen des Saumes das Modell ein paar Tage auf einem Rockbügel oder einer Schneiderbüste hängen lassen, damit die schräg geschnittenen Partien sich aushängen. Sie werden staunen, um wie viel der Stoff länger wird! Lassen SIe sich zum Begradigen des Saumes von jemandem helfen, der mit einem langen Lineal ringsum den Abstand vom Boden abmisst und absteckt, oder Sie legen das Original-Schnittmuster auf den Rock und schneiden den überstehenden Stoff ab.

ZUSCHNEIDEN

Das konstruierte Schnittteil ist das Viertel eines Tellerrocks. Wie zugeschnitten wird, hängt von Rocklänge und Stoffbreite ab. Bei einem knielangen Rock und breit liegendem Stoff kann eventuell ein nahtloser Teller zugeschnitten werden, an den ein elastischer Taillenbund angesetzt wird (eventuell die Taille etwas vertiefen). Ansonsten schneidet man zwei Hälften oder vier Viertel zu und bringt an einer Naht einen Verschluss an.

Schlauchrock

Dieser Rock ist schnell und einfach zu nähen – perfekt für Anfänger oder Eilige! Basis ist der Grundschnitt für das Stretchkleid ohne Abnäher (S. 26), daher dehnbaren Stoff verwenden – Stretchjersey mit einem Hauch von Elasthan ist ideal, da er formstabil ist. Sehr schön wirkt ein auffälliger oder ungewöhnlicher Druck.

Schnittkonstruktion

Grundschnitt: Rückenteil aus dem Stretchkleid ohne Abnäher. Vorder- und Rückenteil sind identisch.

Taillenbund

1. Die Breite des Taillenbunds festlegen – 10 cm sind eine gute Ausgangsgröße für einen breiten Umschlagbund. Diesen Abstand ab der Taillenlinie des Grundschnitts abmessen und eine waagrechte Linie über das Oberteil ziehen (ab).
2. Den Umriss des Taillenbunds aufzeichnen und an der HM (bc) spiegeln, sodass ein komplettes Schnittteil entsteht.
3. Das Teil an der Oberkante erneut spiegeln und die Umbruchlinie einzeichnen (abd).

UMSCHLAGBUND

Den Taillenbund an der Umbruchlinie links auf links falten und mit dem Umbruch nach unten von oben in den Rock schieben (alle offenen Kanten liegen aufeinander). Den Bund im Gerad- oder Overlockstich annähen. Die außen liegende Naht wird durch das Umschlagen des Bundes verborgen.

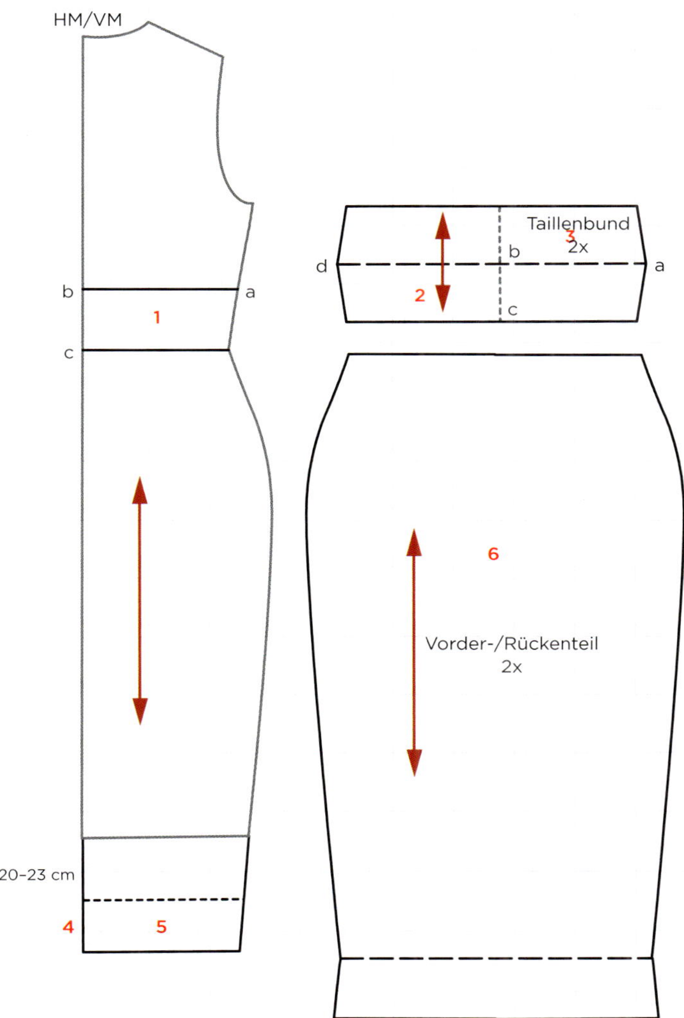

Rock

4. Für einen wadenlangen Rock wie das abgebildete Modell die HM um 20–23 cm verlängern, rechtwinklig dazu eine Linie ziehen und die Seitennaht zum Saum hin leicht eingestellt fortsetzen.

5. Die breite Saumzugabe wird spiegelbildlich zu den eingestellten Seitennähten konstruiert. Am einfachsten ist es, sie wie einen angeschnittenen Besatz zu zeichnen (siehe S. 41).

6. Das Rockteil von der Taille bis zum Saum aufzeichnen und an der HM spiegeln, um ein komplettes Schnittteil (Vorder-/Rückenteil) zu erhalten.

Ballonrock

Der Ballonrock ist ein junger, peppiger Schnitt, der in kurzer Länge am besten aussieht und auf jeder Party Eindruck macht. Für das Schnittmuster werden zwei Röcke konstruiert: ein schmaler Schlauch als Innenrock und der äußere eigentliche Ballonrock. Für den Überrock einen Stoff mit Stand verwenden (etwa Organza oder Taft), für den Innenrock weichen Stretch.

DEN BALLONROCK NÄHEN

Den Saum des Überrocks auf die Weite des Innenrocks einkräuseln und an diesen annähen. Taille von Über- und Innenrock auf die Länge des Taillenbunds einkräuseln.

Schnittkonstruktion

Grundschnitt: Rockteil aus dem Kleid mit Abnähern. Es wird an Vorder- und Rückenteil gleichzeitig gearbeitet.

Innenrock

1. Vorder- und Rückenteil des Grundschnitts an der Seitennaht aneinanderlegen. Für die Innenrocklänge $^2/_3$ der Gesamtlänge ab der Taille abmessen und markieren. In dieser Höhe auf Vorder- und Rückenteil eine waagrechte Linie zeichnen (ab).
2. Vorder- und Rückenteil in einem aufzeichnen, dabei Taillenabnäher und Lücke zwischen vorderer und rückwärtiger Seitennaht ignorieren.

Überrock (Ballon)

3. Umriss von Vorder- und Rückenteil des Original-Grundschnitts nochmals separat aufzeichnen. Jeweils eine Linie von der Abnäherspitze zum Saum ziehen (cd, ef).
4. An diesen Linien durchschneiden und 10 cm weit auseinanderschieben (Taille und Saum bleiben auf einer Linie).
5. Die seitlichen Rockbahnen an der Taille von der VM/HM weg aufdrehen, bis die Lücke am Saum 20 cm breit ist. So entsteht mehr Weite, die für die Ballonform gerafft und am Innenrock befestigt wird.
6. Taillen- und Saumlinie abrunden.

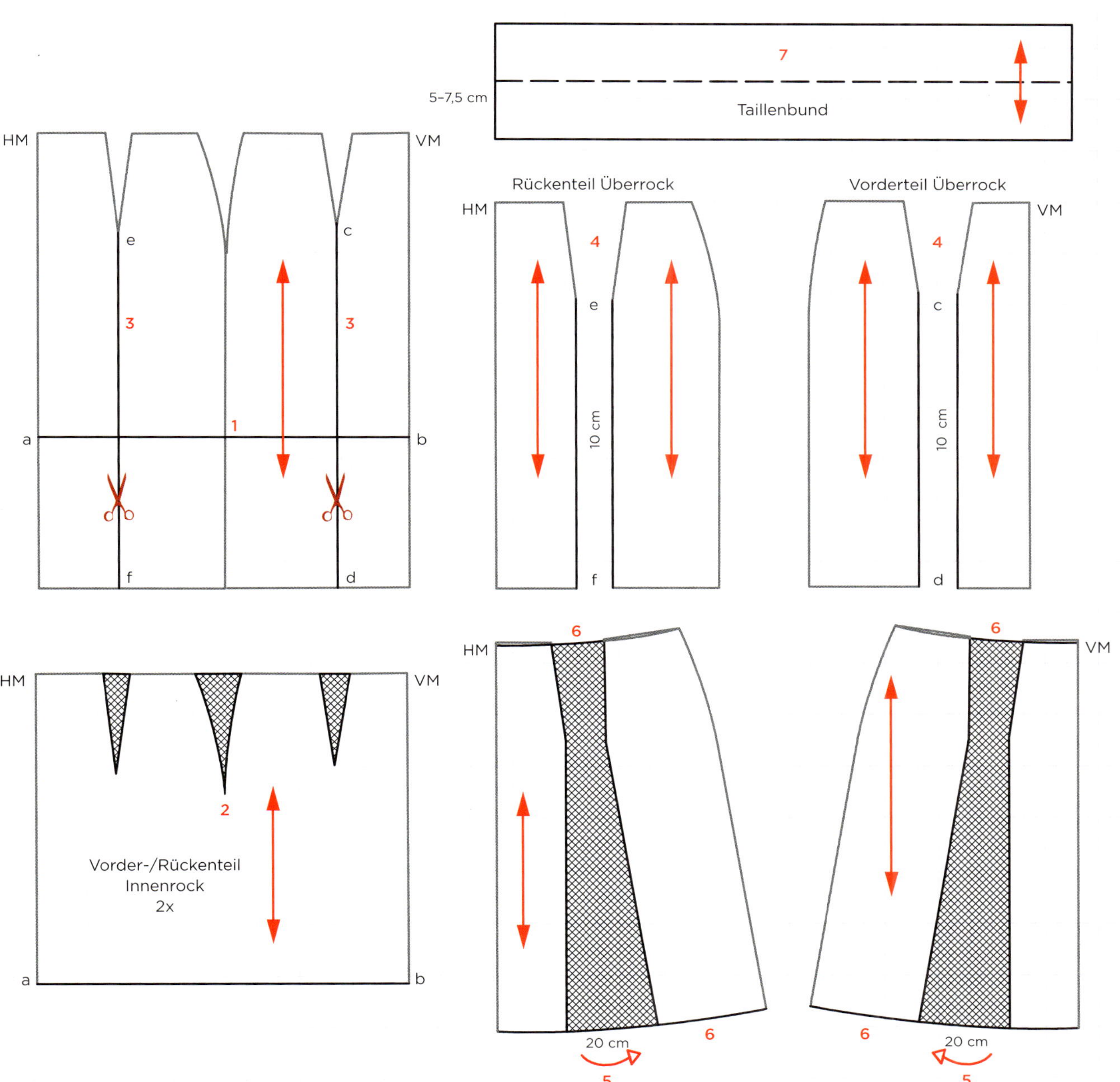

Taillenbund

7. Einen geraden, 5–7,5 cm breiten Bund aufzeichnen. Länge: Taillenweite + 3 cm Überstand für einen Verschluss.

Gerader Rock

Einen solchen Rock haben Sie vielleicht in der Schule genäht. Der Schnitt ist ganz einfach – ein langes Rechteck, das eingekräuselt und an einen Taillenbund genäht wird. Wird er jedoch vom Grundschnitt aus konstruiert, ist gewährleistet, dass der Rock gut sitzt und die Proportionen stimmen. Sowohl ein schöner Druck als auch ein uni Stoff kommen bei dem Modell gut zur Geltung. Letzterer kann vor dem Kräuseln verziert werden, etwa mit Borten oder Zierstichen am Saum. Statt des Schleifenbunds kann auch ein breites Gummiband als Bund dienen.

Schnittkonstruktion

Grundschnitt: Rockteil aus dem Kleid mit Abnähern.

Vorder- und Rückenteil

1. Von der Spitze des Abnähers zum Saum eine gerade Linie ziehen (ab) und durchschneiden.
2. Die beiden Schnittteile beliebig weit auseinanderschieben: weiter bei dünnem, weniger weit bei dickem Stoff.
3. Die Seitennaht neu zeichnen: Von der seitlichen Taille bis zum Saum eine gerade Linie ziehen (cd).

Taillenbund

4. Einen geraden, 5–7,5 cm breiten Bund aufzeichnen. Länge: Taillenweite + 3 cm Überlänge für einen Verschluss. Die Bänder für die Schleife werden separat angefertigt und oben an den Bund genäht (siehe Taillenbund mit Bindebändern gegenüber).

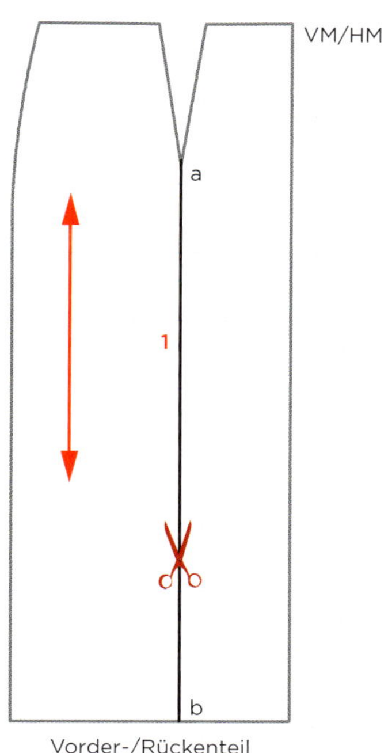

Vorder-/Rückenteil

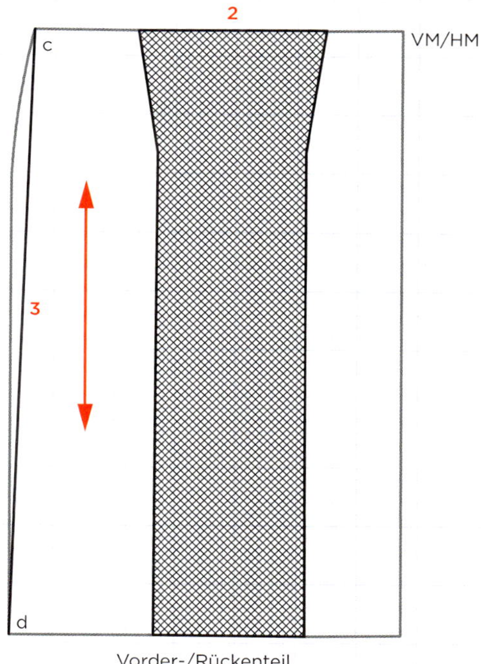

Vorder-/Rückenteil

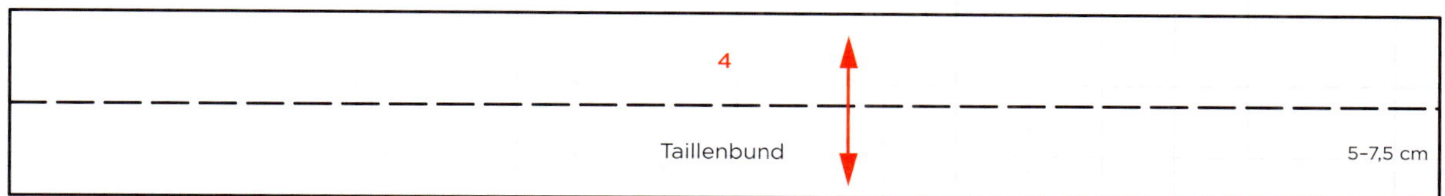

TAILLENBUND MIT BINDEBÄNDERN

Der Bund sitzt am besten, wenn die Bänder 2,5 cm rechts und links des Verschlusses oben an den Bund genäht werden, sodass dazwischen noch Platz für die Schleife ist.

TASCHEN

Wie wäre es mit Rocktaschen? Dazu den Grundschnitt der eingesetzten oder aufgesetzten Tasche (S. 31) herunterladen. Anleitungen und Tipps zum Nähen siehe unter Details und Abschlussarbeiten für Röcke S. 76/77.

Stufenrock

Der Stufenrock ist Inbegriff der lässigen Hippie-Mode – und für den Entwurf genügt eine simple Rechnung! Ideal dafür eignet sich leichter, gut zu kräuselnder Stoff wie dünner Baumwollstoff oder Jersey – auch mit Lochstickerei für den romantischen Folklore-Look. Man kann Muster kombinieren oder – wie im abgebildeten Modell – unterschiedlich anordnen.

KRÄUSELN

Man kann von Hand oder mit der Maschine kräuseln. Manche Nähmaschinen haben einen speziellen Kräuselfuß. Ansonsten den längsten Geradstich einstellen und zwei parallele Linien steppen (ohne Rückstiche an den Enden; lieber 1–2 Rückstiche an VM/HM). Den Stoff von beiden Enden an den Fäden entlang zur Mitte schieben, um die Kräuselfalten gleichmäßig zu verteilen.

Schnittkonstruktion

Länge

Die gewünschte Gesamtlänge des Stufenrocks festlegen und durch drei teilen (oder durch die vorgesehene Anzahl von Stufen; im gezeigten Beispiel sind es drei).

Beispiel:
Der Rock soll 90 cm lang werden:

90 : 3 = 30

- Höhe der 1. Stufe = 30 cm + Taillenbund + Nahtzugabe
- Höhe der 2. Stufe = 30 cm + Nahtzugabe
- Höhe der 3. Stufe = 30 cm + Nahtzugabe

Weite

Für jede Stufe die Weite ausrechnen:

- Weite der 1. Stufe = 1,5-facher Hüftumfang + Nahtzugabe
- Weite der 2. Stufe = 1,5-fache Weite der 1. Stufe + Nahtzugabe
- Weite der 3. Stufe = 1,5-fache Weite der 2. Stufe + Nahtzugabe

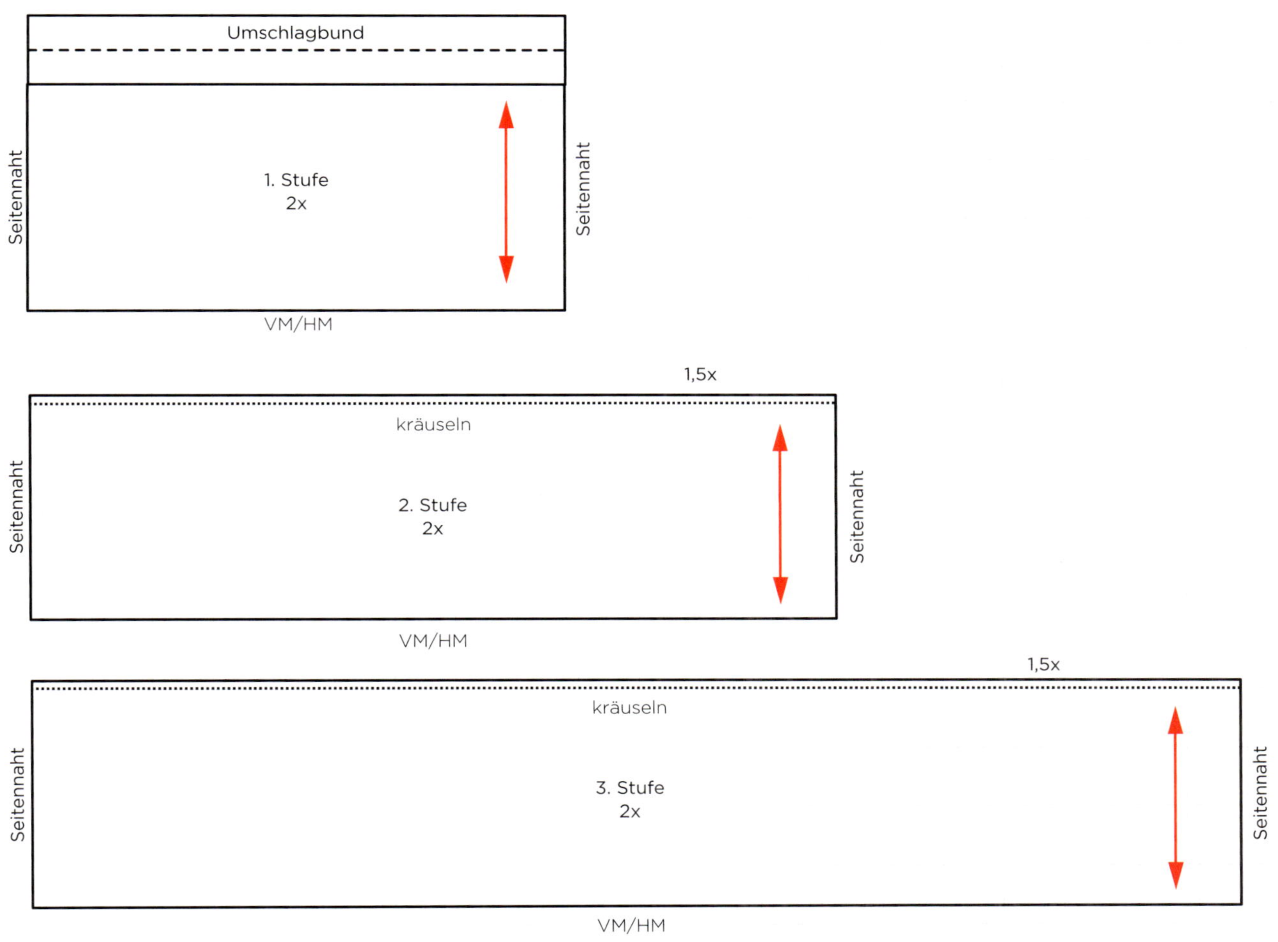

Beispiel:
Hüftweite = 100 cm

- 1. Stufe = 150 cm + Nahtzugabe
- 2. Stufe = 225 cm + Nahtzugabe
- 3. Stufe = 337,5 cm + Nahtzugabe

Je nach Stoffbreite müssen für die Weite der Stufen mehrere Teile gestückelt werden.

Taillengummi

Verwenden Sie ein ziemlich breites, festes Gummiband, das einen so langen Rock halten kann. Schneiden Sie das Gummiband etwas kürzer als die Taillenweite zu. Durch das Stoffgewicht wird es noch etwas gedehnt. Den Bund oben umschlagen, festnähen und das Gummiband einziehen.

Rock mit Kellerfalten

Dieser Rock hat die klassische Silhouette des Bleistiftrocks, jedoch mit schwungvollen Falten am Saum. Die Proportionen können nach der Konstruktion der Grundteile verändert werden. Geeignet sind alle Stoffe, die sich gut in Falten legen lassen. Auch verschiedene Stoffe für Rockteil und Faltenpartie sind möglich.

TIPPS

> Das Einbügeln der Falten ist viel einfacher, wenn der Saum bereits genäht ist.

> Eine Borte oder Paspel zwischen den beiden Rockpartien ist ein hübsches Detail.

Schnittkonstruktion

Grundschnitt: Rockteil aus dem Kleid mit Abnähern plus einem sehr langen Rechteck.

Vorder- und Rückenteil

1. Die Seitennähte von Vorder- und Rückenteil des Grundschnitts (Rockteil) aneinanderlegen. Den Umriss der Teile auf einen Bogen Papier zeichnen, dabei die Teile an der VM/HM umschlagen, sodass jeweils das ganze Vorder- und Rückenteil aufgezeichnet wird, nicht nur die Hälfte.
2. Festlegen, ab welcher Höhe die Falten beginnen sollen ($^2/_3$ der Gesamthöhe ab der Taille sind ein gutes Maß), eine waagrechte Linie über Vorder- und Rückenteil ziehen (ab) und durchschneiden. Es entsteht ein Rechteck, dessen Länge die Gesamtweite des Rockes ist (abcd).
3. Die Falten einsetzen (jetzt wird es mathematisch!):
   Für eine 2,5 cm breite Kellerfalte müssen pro Falte 10 cm Stoff zugefügt werden. Dazu gibt es mehrere Möglichkeiten.

Methode 1 – Collage

Das Rechteck durch senkrechte Linien in acht gleiche Partien teilen; diese markieren (F1, F2, F3, F4, F5, F6, F7, F8). An allen Linien durchschneiden und pro Falte 10 cm Extraschnittmusterpapier einfügen.

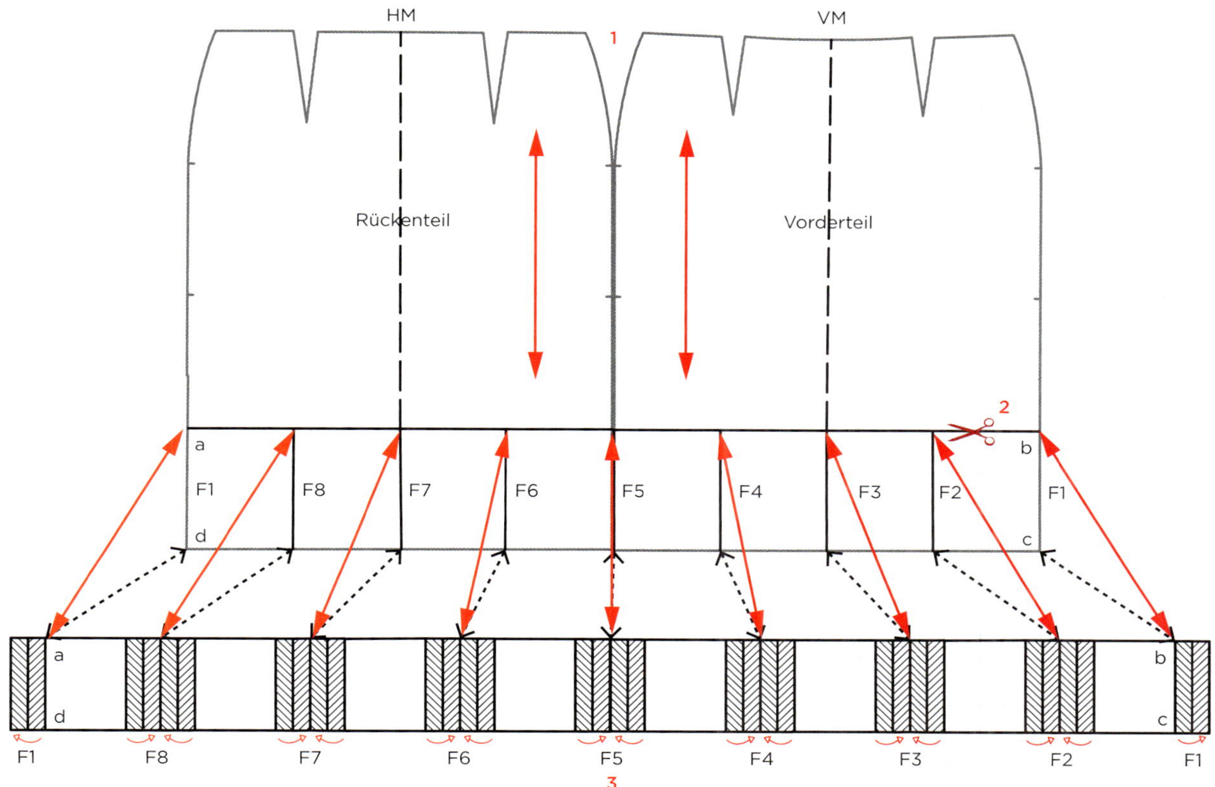

Methode 2 – Berechnung

- Die Weite des Rechtecks berechnen. Die Anzahl der Falten festlegen (im Beispiel 8), diese mit der Stoffmenge pro Falte (10 cm) multiplizieren und zur Gesamtweite der Saumpartie (2x ab) addieren.
- Den Abstand zwischen den Falten berechnen. Die Gesamtlänge der Saumpartie (Vorder- und Rückenteil) durch die gewünschte Anzahl der Falten (8) teilen.
- Zum Schluss die Falten und Abstände auf dem erweiterten Rechteck markieren.

ANMERKUNG

Für eine Kellerfalte die Außenkanten der Falte (Faltenbrüche) gleich breit zur Faltenmitte hin umfalten. Die 1. Falte wird gleichmäßig auf beide Enden des Rechtecks verteilt.

Kilt

Der Kilt wird natürlich aus Schottenkaro genäht, dessen Linien bei der Faltenmarkierung sehr hilfreich sind. Der Stoff muss fest sein und sich gut falzen lassen (z. B. Wolle oder Seidentaft). Das Zuschneiden im Querfadenlauf erspart zusätzliche Nähte. Lineal, Taschenrechner und Bügeleisen sind bei diesem Rock ein Muss. Den Saum unbedingt vor dem Legen der Falten nähen. Wenn die Unterkante die Webkante ist, muss der Saum nur einmal eingeschlagen werden.

Schnittkonstruktion

Grundschnitt: Rockteil aus dem Kleid mit Abnähern. Es wird gleichzeitig an Vorder- und Rückenteil gearbeitet:

Rock

1. Vorder- und Rückenteil des Rock-Grundschnitts an den Seitennähten aneinanderlegen. Abnäher und die Lücke an der Seitennaht ignorieren, sodass ein Rechteck entsteht.
2. Durch die Mitte des vorderen Taillenabnähers eine Linie von der Taille bis zum Saum ziehen (ab). An der VM spiegeln – so entsteht die überlappende Partie vorn am Kilt.
3. Die Rocklänge festlegen, ab der Taille abmessen und zuschneiden.

Falten

4. Die Kiltfalten sind einfache Falten. Jede Falte wird zweimal gefaltet, benötigt also drei Stofflagen. Für 4 cm breite Falten werden also 12 cm Stoff benötigt (4 x 3 = 12).

   Berechnung der Faltenpartie des Kilts:
   - Den Abstand von der Linie am vorderen Abnäher (ab) zur HM messen.
   - Dieses Maß durch die gewünschte Faltenbreite (4 cm) teilen – so erhält man die erforderliche Faltenanzahl.
   - Diese Anzahl mit der erforderlichen Stoffmenge pro Falte multiplizieren.

   Beispiel: Wenn der Abstand von (ab) zu HM = 32 cm und die gewünschte Faltenbreite = 4 cm, ist die Anzahl der Falten 8 (32 ÷ 4). Anzahl der Falten mit Stoffmenge pro Falte multiplizieren (8 x 12 cm) = 96 cm Gesamt-Stoffbreite.

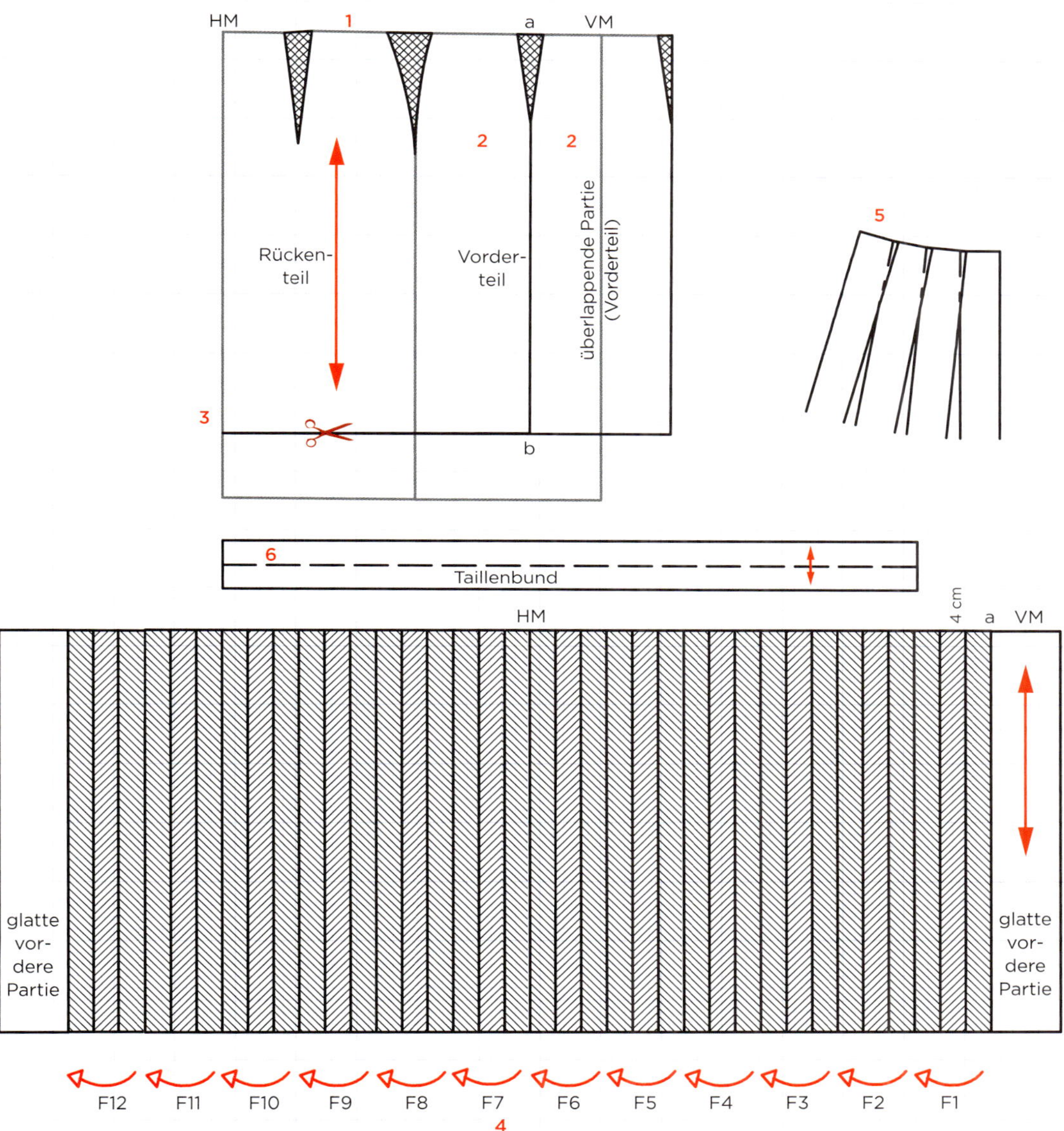

Die Faltenpartie zwischen vorderem Taillenabnäher (ab) und HM auf dieses Maß erweitern. Zum Zuschneiden an der HM spiegeln: Es entsteht ein langes Schnittteil mit einer glatten Partie an beiden Enden.

5. Alle Falten vom Saum bis auf Hüfthöhe einbügeln und feststecken oder -heften. Dann das Einbügeln für die Partie von Hüfte bis Taille wiederholen, dabei jedoch die Falten leicht überlappen lassen, sodass die Faltenpartie an den Taillenbund passt. Nadeln oder Heftfäden wieder entfernen – das Schnittteil ist nun am Saum leicht gerundet.

Taillenbund

6. Einen geraden, 4 cm breiten Taillenbund aufzeichnen. Länge = Taillenweite des gesamten Kilts (am Körper gemessene Taillenweite + glatte, überlappende Partien).

Kapitel 4

Röcke – Details und Varianten

Details (hinten)

Volanteinsatz

Der Volanteinsatz kann anstelle der Gehfalte am rückwärtigen Saum des Bleistiftrocks von Seite 44 genäht werden. Diese Version ist knielang, doch der Volant wäre auch an einem Midi- oder Maxirock schön. Ein Volanteinsatz vom Knie bis zum Knöchel wäre ein schwungvolles und elegantes Detail für ein Abend- oder Brautkleid.

Anleitung

Ausgehend vom beliebig verlängerten Rockteil des Grundschnitts für das Kleid mit Abnähern:

1. Den Saum einstellen.
2. Festlegen, wo der Volanteinsatz beginnen und wie breit er oben werden soll (ab).
3. Die Spitze des Taillenabnähers mit dem Ansatz des Volanteinsatzes mit einer leicht geschwungenen Linie verbinden (bc).
4. Die obere Ecke des Volanteinsatzes mit dem Saum verbinden (bd).
5. Entlang der Linien zuschneiden; es entstehen drei Bahnen.
6. Den Volanteinsatz erweitern: Durch die Mitte der Volantbahn eine senkrechte Linie ziehen, einschneiden und bis zur gewünschten Saumweite aufdrehen.
7. Für mehr Weite zusätzliche Dreiecke an den Außenkanten der Bahn ansetzen.

TIPPS FÜR DEN VOLANTEINSATZ

> Vor dem Auseinanderschneiden der Rockbahnen Passzeichen setzen.

> Den oberen Rand des Volanteinsatzes (ab) mit einer Borte, Paspel oder anderweitig verzieren.

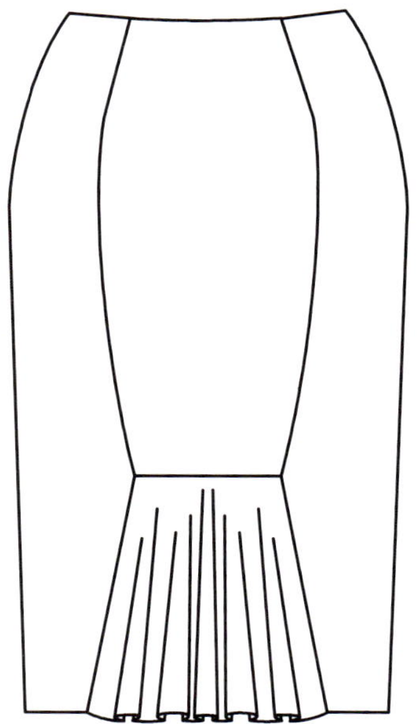

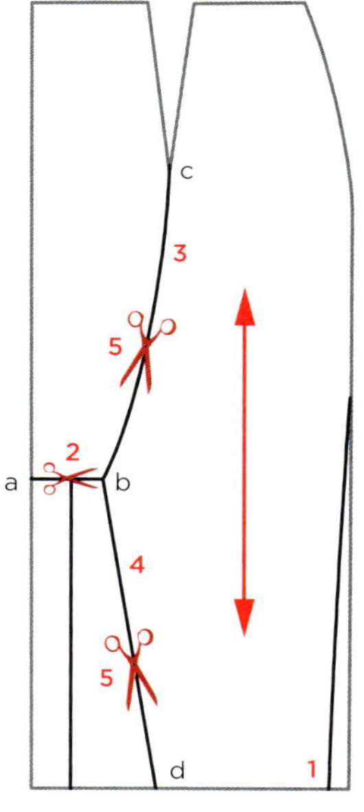

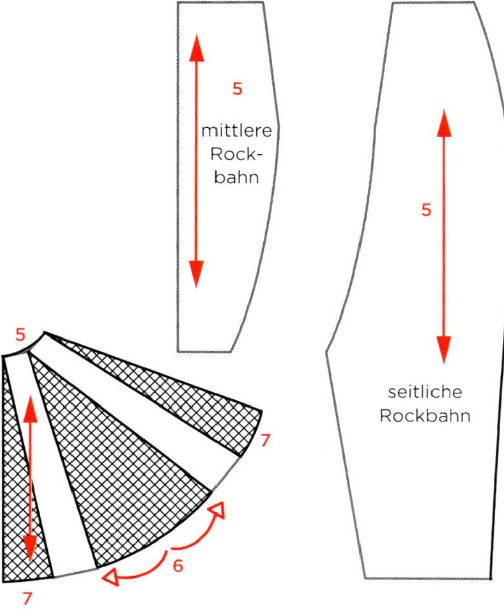

Fischschwanz

Eine weitere Variante für den Bleistiftrock auf Seite 44 ist der Fischschwanz, der an langen Röcken ebenfalls sehr elegant wirkt. Dafür eignen sich alle Stoffe außer den wirklich dicken, schweren Qualitäten. Durch Veränderung der Winkel wird der Fischschwanz mehr oder weniger ausgeprägt.

Anleitung

1. Den Saum einstellen.
2. Die Form des Fischschwanzes einzeichnen: Die HM durch eine ausgestellte Linie verlängern, die unten über die Saumlinie hinausreicht. Von deren Spitze aus eine geschwungene Linie zum Saum an der Seitennaht ziehen. Die Abbildung verdeutlicht, wie die Form in etwa aussehen sollte.

TIPPS FÜR DEN FISCHSCHWANZ

> Einen geschwungenen Saum gar nicht oder mit einem Babysaum oder Formbesatz versäubern.

> Für gleichmäßig geschwungene Linien ein Kurvenlineal verwenden.

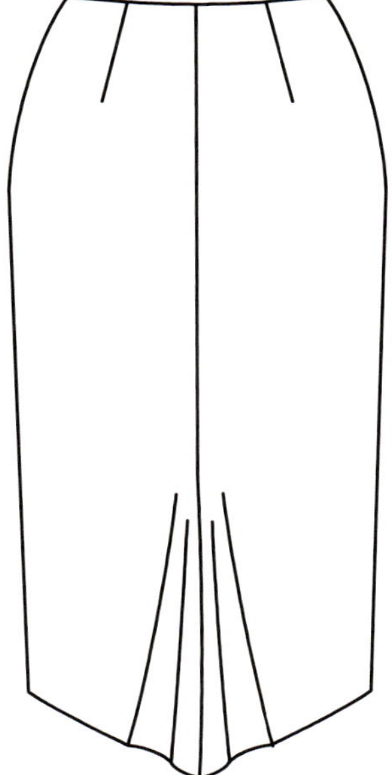

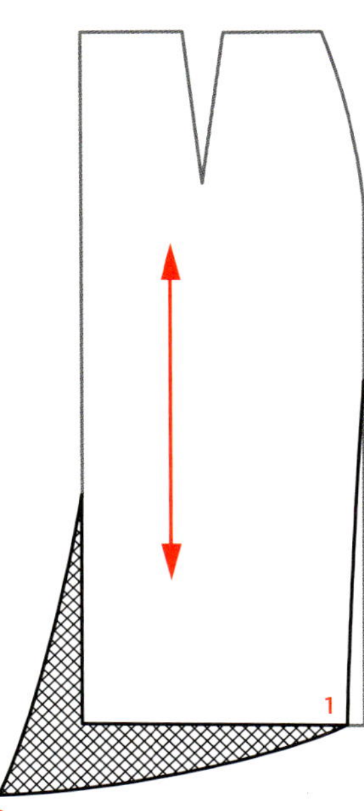

Details (vorn)

Rüsche

Eine Rüsche kann in jede Rocknaht eingesetzt werden – man kann dafür sogar eine neue Naht schaffen. Im gezeigten Beispiel des Bleistiftrocks (S. 44) sitzt die Rüsche in der Naht der seitlichen vorderen Rockbahn. Für die Rüsche kann man auch einen anderen Stoff verwenden – experimentieren Sie!

Anleitung

1. Das Vorderteil (ganzer Vorderrock) an der für die Rüsche gewünschten Stelle in zwei Bahnen teilen (ab). Im Beispiel ist die Rüsche die Fortsetzung des linken Taillenabnähers, sie kann jedoch auch an der VM, in einer Seitennaht oder sogar diagonal verlaufen.
2. Einen geraden Streifen zeichnen. Länge: die Naht, in der die Rüsche sitzen soll; Breite: die gewünschte Breite der Rüsche – ca. 7,5 cm sind ein gutes Maß.

TIPPS FÜR RÜSCHEN

> Den Saum der Rüsche offenkantig lassen oder mit einem Babysaum versäubern. Bei dünnem Stoff doppelt zuschneiden und verstürzen.

> Auch mehrere Rüschen sind möglich!

> Rüschen lassen sich nicht nur an Rockbahnen einsetzen – wie wäre es entlang eines Ärmels, um einen Saum oder sogar an einer Kragenkante?

3. Den Streifen in zehn gleiche Abschnitte unterteilen und an den Linien bis jeweils 3 mm vor der Kante einschneiden.
4. Jeden Abschnitt aufdrehen, bis eine Art Ringform mit etwa gleichem Abstand zwischen den Partien entsteht. Beim Nähen muss die innere Rüschenkante so lang sein wie die Naht, in die sie eingesetzt wird. Die Außenkante wellt sich zur perfekten Rüsche.
5. Das Ende der Rüsche elegant abrunden.

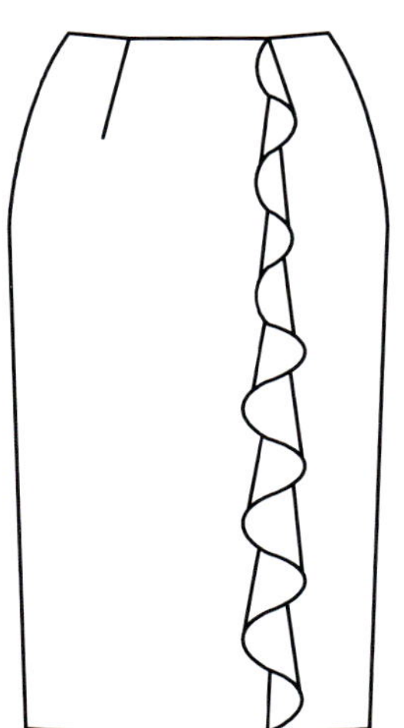

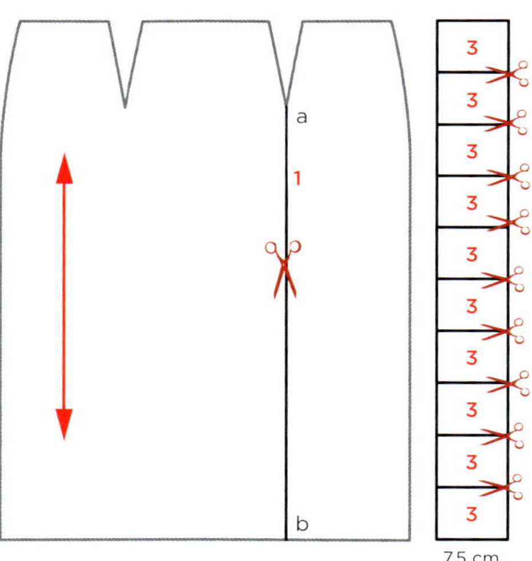

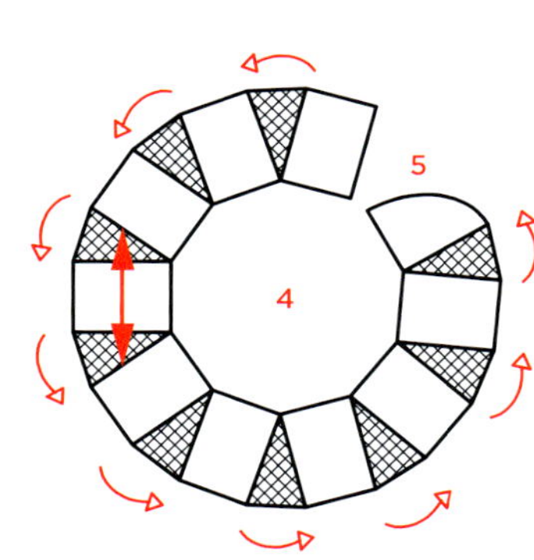

Wickeloptik

Dies ist eine unechte Wickelpartie, da sie fest in der Seitennaht sitzt und gar nicht aufgehen kann! Die Technik eignet sich besonders für den Glockenrock (siehe S. 46). Ein hübscher Knopf kommt dabei gut zur Geltung. Wer kein Knopfloch nähen möchte, kann die Wickelpartie mit einer Sicherheitsnadel feststecken.

Anleitung

1. Das gesamte Rockvorderteil aufzeichnen (abcd).
2. Auf einem neuen Bogen Papier die gewählte Form der Wickelpartie aufzeichnen (aefd). Das gezeigte Beispiel ist an Taille und Saum asymmetrisch.
3. An allen Kanten der Wickelpartie, außer an der Seitennaht, eine breite Nahtzugabe anfügen und deren Ecken abschrägen.
4. Bei Entscheidung für ein Knopfloch dessen Position markieren.

TIPPS FÜR WICKELPARTIEN

> Statt eines breiten Saumes kann ein entsprechendes Schnittteil aus Futter angenäht und verstürzt werden.

> Die Innenseite des Rockes mit einem kleinen Stück Bügelvlies oder Stoff verstärken, damit der Knopf nicht ausreißt.

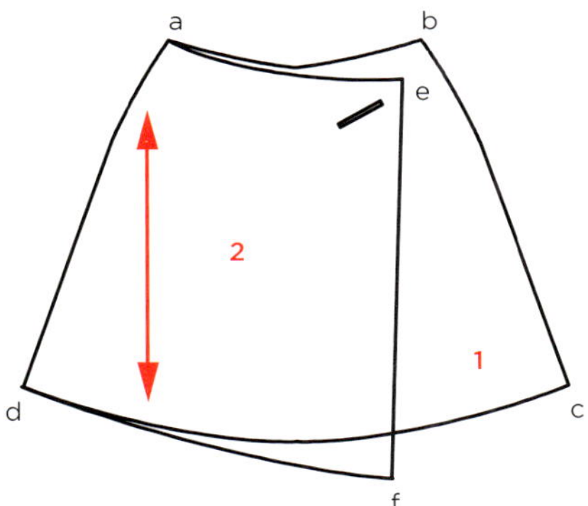

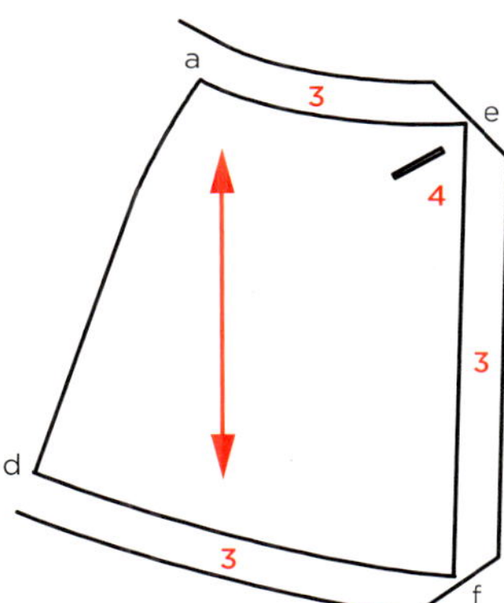

Taschen

Gesäßtaschen

Gesäßtaschen sind leicht zu nähen und ein schönes Detail an jeder Rockform. Der Klassiker ist der Jeans- oder Cordrock mit Kontraststeppung. Hier haben Sie völlig freie Hand und können mit Form, Farbe, Stoffart und Verschluss experimentieren – mag jemand Ledertaschen auf Tweed?

Anleitung

1. Größe und Position der Tasche auf den Rockschnitt zeichnen und abpausen (unten drei Beispiele für mögliche Formen).
2. Bei einer geraden Oberkante kann ein angeschnittener Besatz angefügt werden.

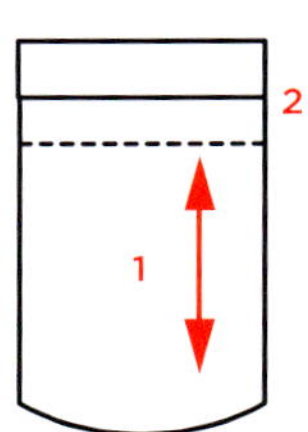

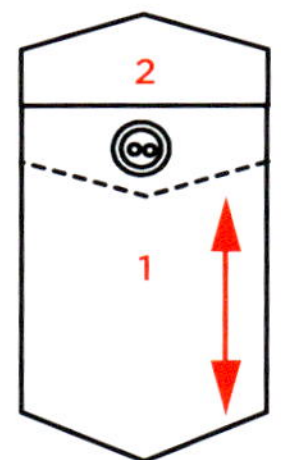

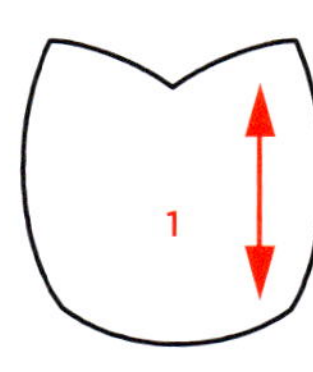

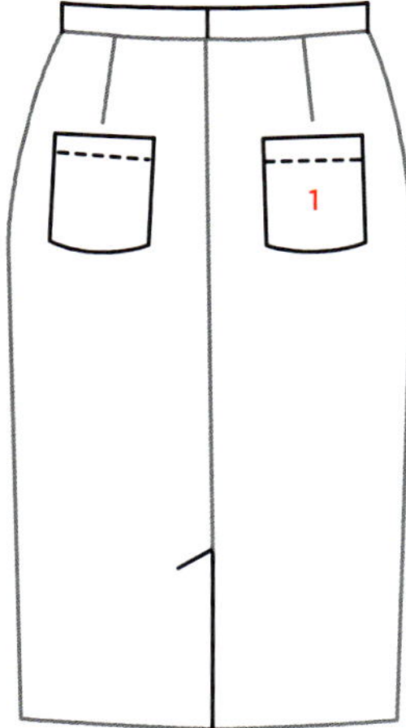

TIPPS FÜR GESÄSSTASCHEN

> Den angeschnittenen Besatz mit Vlies verstärken, damit er nicht ausleiert.

> Verschiedene Taschenformen ausprobieren (siehe Abb.). Abgerundete Kanten verstürzen oder einfassen (kein angeschnittener Besatz möglich).

Vordertaschen

Wer gern die Hände in die Taschen steckt, braucht diese unbedingt! Ganz gleich wie die Öffnung geformt ist, das Prinzip ist dasselbe.

Anleitung

Für die Tasche werden drei Lagen benötigt: das Vorderteil des Rockes, das seitliche Taschenteil und der Taschenbeutel. Am Rockvorderteil die für die Tasche benötigte Partie abpausen und nach der Abbildung rechts oben vorgehen:

1. Rockvorderteil: Von der Taille zur Seitennaht eine Kurve für die Taschenöffnung zeichnen (ab). Abschneiden und für das seitliche Taschenteil aufbewahren.
2. Taschenbeutel: Von der Taille zur Seitennaht eine weitere Kurve für den Taschenbeutel zeichnen (cd) und abpausen.
3. Seitliches Taschenteil: Den Taschenbeutel abpausen und an das in Schritt 1 beiseitegelegte seitliche Taschenteil anfügen.

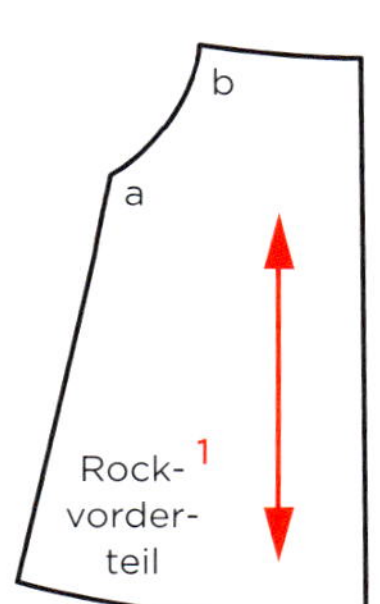

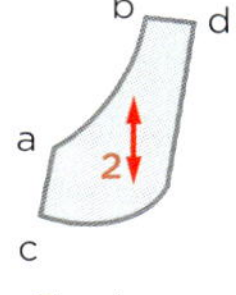

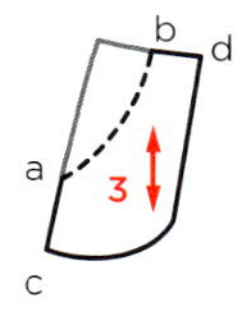

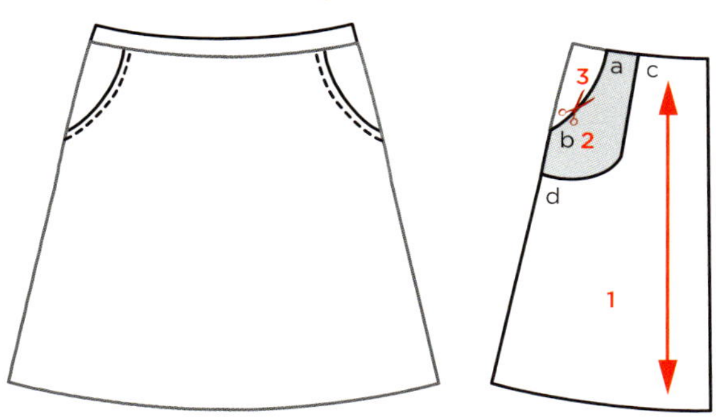

TIPPS FÜR VORDERTASCHEN

> Den geschwungenen Tascheneingriff mit Formband verstärken, damit er nicht ausleiert. Eine dekorative Einfassung hat denselben Effekt.

> Bei dickem oder teurem Stoff den Taschenbeutel aus einfachem Baumwoll- oder Futterstoff nähen.

> Mit einem kontrastfarbigen seitlichen Taschenteil zeigen Sie, wie gut Sie Taschen konstruieren können.

Nahttaschen

Wenn Sie gern praktische Taschen hätten, diese jedoch nicht auffallen sollen, sind Nahttaschen eine leicht zu nähende Variante. Sie können beliebig tief sein. Im Unterschied zu anderen Taschen werden diese vom Vorder- und Rückenteil aus konstruiert; vordere und rückwärtige Tasche müssen aneinanderpassen.

Anleitung

1. An der Taille beginnend die Taschenform auf den Rockschnitt zeichnen. Bei der Festlegung von Breite und Tiefe an der Größe der Hand orientieren!
2. Die Taschenform abpausen und an der Seitennaht umschlagen wie ein Buch. Die Tasche sollte nun abgewinkelt zur Taillenlinie liegen. Wird sie zurückgefaltet, näht man sie für festen Halt oben an der Taille an.
3. Am Rückenteil wiederholen.

TIPPS FÜR NAHTTASCHEN

> Bei Nähen des Rockes die Tasche an der Seitennaht etwa 2,5 cm nach unten versetzen, sodass eine saubere Öffnung entsteht (diese würde sonst direkt an der Taille beginnen).

> Der Taschenbeutel kann zum Besatz zurückgeschnitten und mit Futterstoff vervollständigt werden.

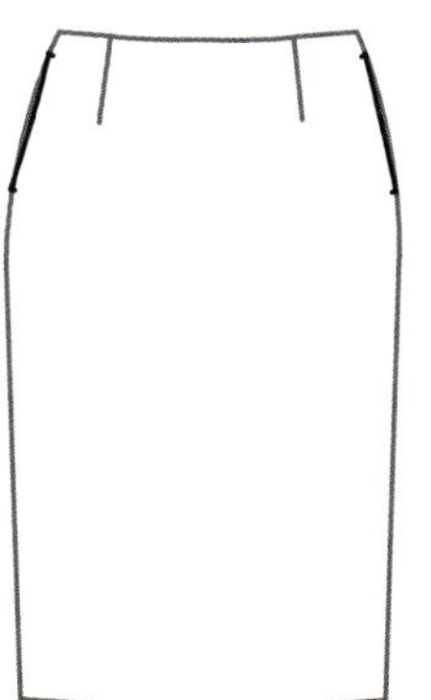

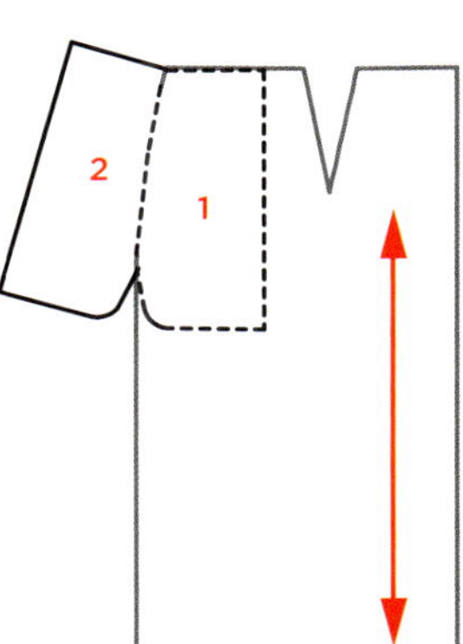

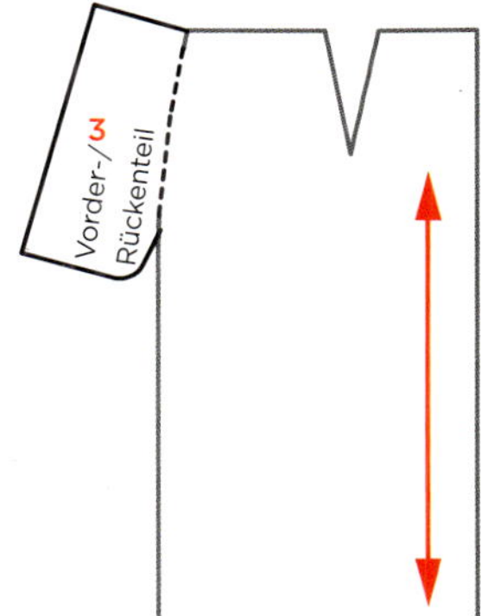

Kapitel 5

Kleider

Klassiker

Tageskleider

Sommerkleider

Kleider im Schrägschnitt

Schick in Schale

A NEW
SURVEY
OF SCIENCE
WALTER
SHEPHERD
HARRAP

Etuikleid mit Biesen

Die vom Taillenabnäher dieses klassischen Etuikleids ausgehenden Biesen verwandeln einen schlichten Schnitt in ein elegantes Modell, das sowohl an kurvigen als auch an geraderen Figurtypen hinreißend aussieht. Die verschiedensten Stoffe eignen sich: raschelnde Shantungseide für den Abend, Wollkrepp für ein schickes Tageskleid oder weiches Leinen für den lässigen Sommerlook. Die Biesen erfordern präzises Nähen, doch der Rest ist ganz einfach. Das Kleid kann gefüttert und mit Ärmeln versehen werden.

Schnittkonstruktion

Grundschnitt: Kleid mit Abnähern (S. 24), bis zum Knie verlängert:

Vorderteil

1. Den Schulterabnäher schließen, sodass ein seitlicher Brustabnäher entsteht.
2. Brustabnäher ab Brustpunkt um 3 cm kürzen.
3. U-Boot-Ausschnitt einzeichnen (siehe S. 120).
4. Den Taillenabnäher um die Breite des Abnäherinhalts zur Seitennaht verlegen. Der neue Abnäher sollte direkt am vorigen angrenzen. So entsteht Platz für die Biesen. Den Taillenabnäher am Brustpunkt um 2,5 cm kürzen.
5. Den Schnitt abpausen und an der VM spiegeln, sodass ein komplettes Vorderteil entsteht. Da dieser Schnitt asymmetrisch ist, wird ab jetzt am kompletten Vorderteil gearbeitet.
6. Ab der Mitte des linken Taillenabnähers acht Strahlenlinien für die Biesen zeichnen. An der Taillenlinie beginnen; übrige Linien in jeweils gleichem Abstand darüber und darunter anbringen. Nach dem Nähen des Abnähers liegen alle Biesenansätze sauber im Abnäher verborgen.

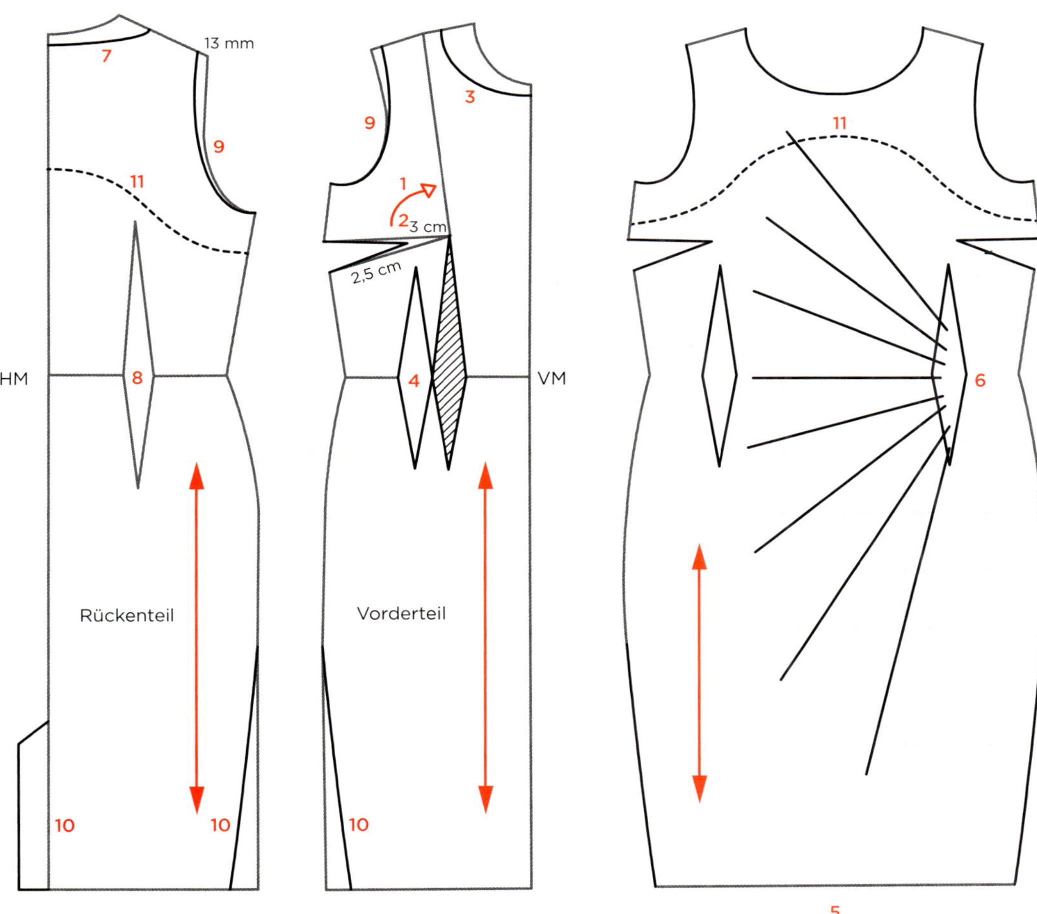

Rückenteil

7. Halsausschnitt dem Vorderteil angleichen, sodass die Schulternähte gleich lang sind.

8. Der Abnäher bleibt so wie im Grundschnitt.

Vorder- und Rückenteil

9. Die Schulternaht am Armausschnitt um 13 mm kürzen.

10. Nach der Anleitung für den Bleistiftrock (S. 44) den Saum einstellen und am rückwärtigen Rocksaum einen Gehschlitz arbeiten.

Versäuberung

11. Einen Besatz für den Halsausschnitt zeichnen (siehe S. 16).

BIESEN

> Die Biesenlinien mithilfe eines langen Lineals und spitzer Schneiderkreide auf die rechte Stoffseite zeichnen. In scharfe Falten bügeln und vor dem Absteppen mit der Maschine gut heften.

> Die Biesen durch kontrastfarbiges Absteppen betonen. Wenn Sie kein Knopflochgarn haben, an der Maschine zwei Fäden derselben Farbe einfädeln – das sieht aus wie handgenäht!

> Hier und in allen weiteren Anleitungen beziehen sich die roten Ziffern auf die Nummerierung der einzelnen Schritte.

Tunikakleid

An diesem schlichten Modell kommt ein Druck schön zur Geltung und es ist sehr wandelbar: aus leichter Baumwolle oder Leinen für den Sommer, eleganter Seide für den Abend oder schwerem, robustem Strick für den Winter. Experimentieren Sie mit Details wie einem auffälligen Reißverschluss oder Borten an Hals oder Saum.

ANGESCHNITTENER BESATZ

Die Seitenschlitze werden mit angeschnittenem Besatz gearbeitet – einem Besatz, der direkt am Schnittteil sitzt und nicht extra angenäht wird. Beim Schließen der Seitennähte bis oben an den Schlitz nähen, dann Naht und Besatz auseinanderbügeln. Unten am Saum eine Briefecke nähen, dann Saum und Besatz von Hand oder mit der Maschine festnähen.

Schnittkonstruktion

Grundschnitt: Kleid mit Abnähern, beliebig verlängert:

Vorderteil

1. Den Schulterabnäher schließen, sodass ein seitlicher Brustabnäher entsteht.
2. Brustabnäher ab Brustpunkt um 3 cm kürzen.
3. V-Ausschnitt einzeichnen (siehe S. 120). Leicht geschwungen wirkt er weicher als ganz gerade.

Rückenteil

4. Halsausschnitt dem Vorderteil angleichen, sodass die Schulternähte gleich lang sind.

Vorder- und Rückenteil

5. Den Taillenabnäher streichen.
6. Vorn vom unteren Ende des seitlichen Brustabnähers, hinten vom Armausschnitt eine gerade Linie bis zum Saum ziehen.

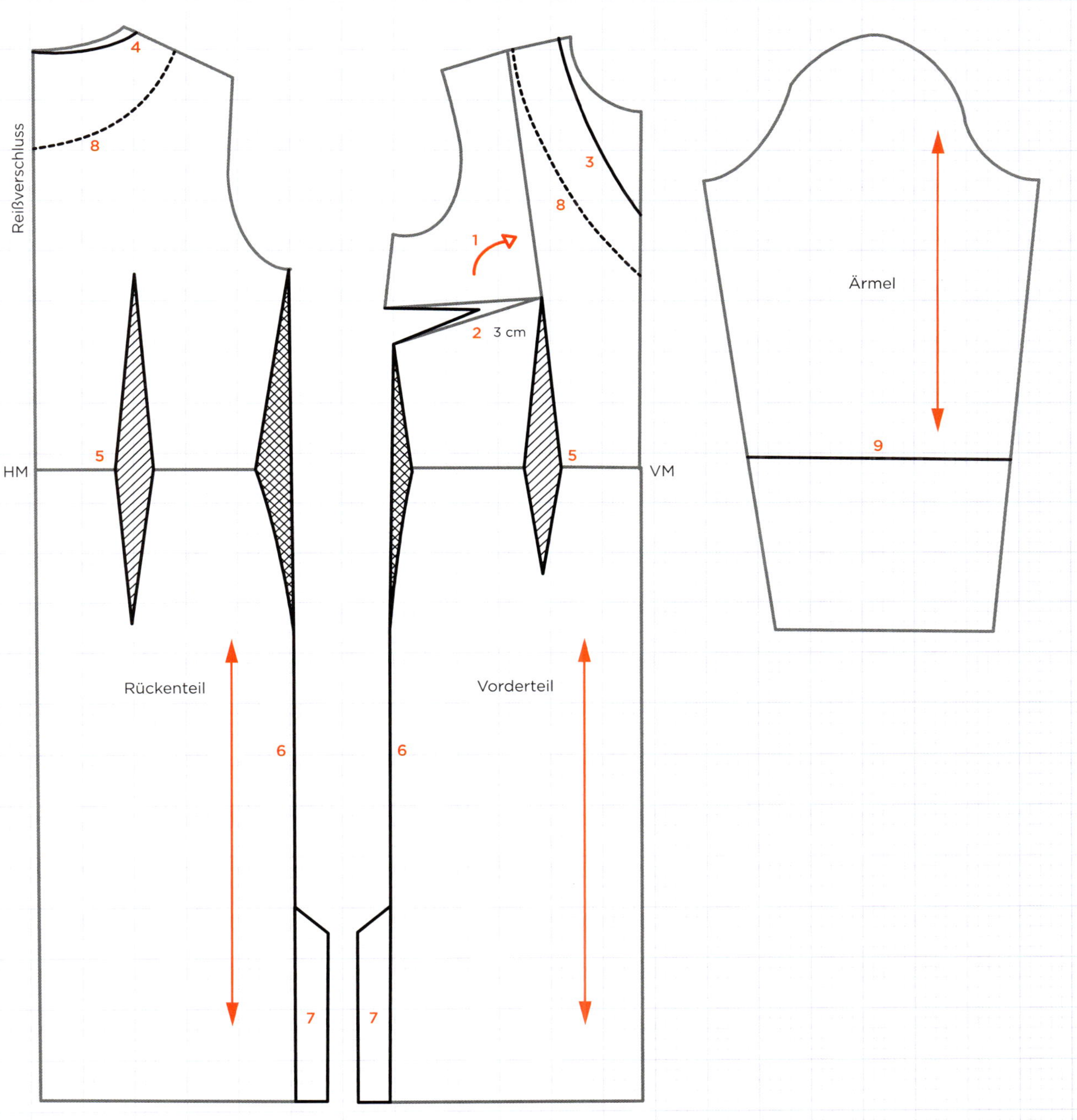

7. Für den Schlitz an der Seitennaht einen angeschnittenen Besatz zeichnen – so hoch, wie Sie sich trauen!

8. Gemäß der Abbildung den Besatz für den Halsausschnitt zeichnen.

Ärmel

9. Grundschnitt des Dreiviertelärmels abpausen.

Ausgestelltes Kleid

Die von der Passe zum Saum reichenden Bahnen betonen die klare A-Linie dieses Kleides. Durch die Taschen und kurzen Ärmel wird es praktisch, unkompliziert und doch schick. Am besten wirkt ein fester, glatter Stoff wie Wollgabardine oder Double-Jersey.

PASSEN

Die Passe doppelt zuschneiden und verstürzen – so ist sie innen elegant versäubert.

Schnittkonstruktion

Grundschnitt: Kleid mit Abnähern.

Vorderteil

1. Schulterabnäher schließen und das Schnittmuster an der Taille aufdrehen.
2. Halsausschnitt um 2 cm vertiefen und um 6 mm erweitern.
3. Etwa 5 cm unterhalb der oberen VM eine waagrechte Linie ziehen und durchschneiden. Die abgetrennte Partie an der VM spiegeln, um eine durchgehende vordere Passe zu erhalten.
4. Den Abnäher in die Ausgangsposition drehen. Durch die Mitte des Rockabnähers eine Linie bis zum Saum ziehen, Vorderteil von Passe bis Saum in zwei Bahnen schneiden.
5. An der seitlichen vorderen Bahn den Saum ab Hüftlinie an der Seitennaht um 3 cm, an der Mittelnaht um 2 cm ausstellen. Saum runden.
6. An der mittleren vorderen Bahn den Saum ab Hüftlinie an der Naht zur Seitenbahn um 2 cm ausstel en. Die Saumerweiterung ergibt die A-Linie.

Rückenteil

7. Den Halssausschnitt passend zum Vorderteil um 6 mm erweitern.
8. Mithilfe des vorderen Passenteils die Höhe der rückwärtigen Passe abmessen. Dort eine waagrechte Linie über das Rückenteil ziehen und durchschneiden.

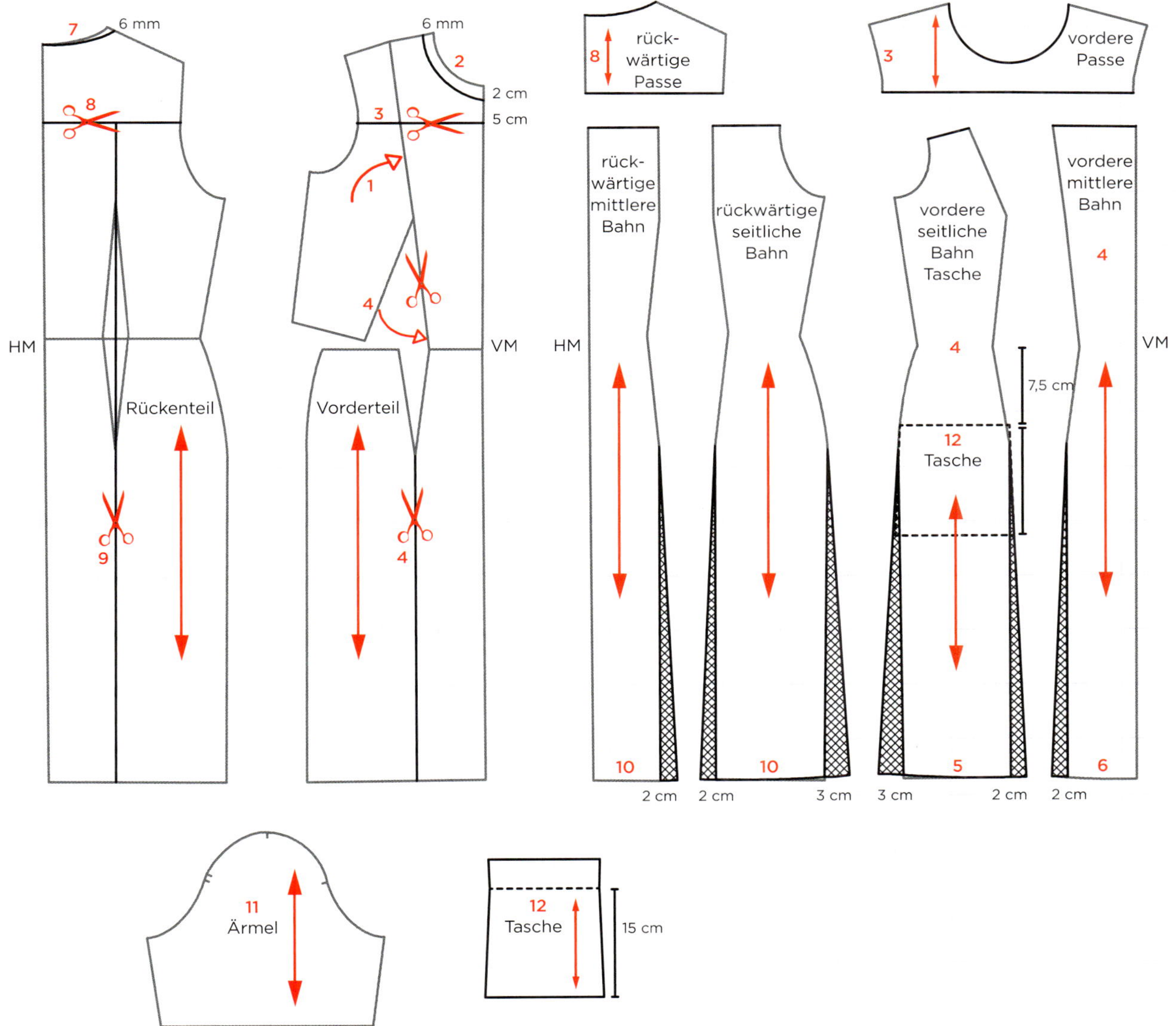

9. Von der Passe durch die Mitte des Rückenabnähers eine Linie zum Saum ziehen. Das Rückenteil an der Linie und den Abnäherschenkeln in zwei Bahnen schneiden.

10. An beiden Bahnen den Saum ab der Hüftlinie wie am Vorderteil ausstellen. Saum abrunden.

Ärmel

11. Grundschnitt des kurzen Ärmels abpausen (siehe S. 27).

Tasche

12. Von der seitlichen vorderen Bahn aus konstruieren: Ab der Taillenlinie 7,5 cm abmessen und die Oberkante der Tasche einzeichnen. Für die Unterkante von dort aus 15 cm abmessen und einzeichnen. Taschenteil abpausen und an der Oberkante einen Besatz anzeichnen.

Bodycon-Kleid

Ein moderner Klassiker: Die Bahnen schmeicheln der Silhouette und ermöglichen den Einsatz von Kontrastfarben. Damit das Kleid besonders schön anliegt, Double-Face-Strickstoff oder Stretch verwenden. Da das Modell aus dem Grundschnitt für das Kleid mit Abnähern konstruiert wird, formt es die Figur, statt sie einzuengen. Für optimale Passform eventuell an den Seitennähten engen, aber so, dass die seitlichen Bahnen noch passen.

Schnittkonstruktion

Grundschnitt. Kleid mit Abnähern.

Vorderteil

1. Schulterabnäher schließen und das Schnittmuster am Ansatz der Prinzessnaht im Armausschnitt aufdrehen (siehe S. 17).
2. Zur Prinzessnaht (Wiener Naht) abrunden.
3. Halsausschnitt an Schulter und VM um 2 cm erweitern und vertiefen (ab).
4. Die Schulterlinie ab dem Schulterpunkt um 5 cm verkürzen und eine leicht geschwungene Linie von dort zum Ansatz der Wiener Naht ziehen (cd).
5. Von der unteren Spitze des Taillenabnähers eine Kurve (analog zur Wiener Naht am Brustabnäher) zur Hüfte zeichnen, bis etwa 18–20 cm unterhalb der Taillenlinie (ef).
6. Die entstandene seitliche vordere Bahn abschneiden.

Rückenteil

7. Eine waagrechte Linie quer über die obere Spitze des Brustabnähers ziehen (gh).
8. Die rückwärtigen Träger konstruieren:
   ▶ Halsausschnitt und Schulter dem Vorderteil angleichen (ij).
   ▶ Mitte der Halsausschnittlinie markieren (k). Von dort eine Linie zur oberen Spitze des Taillenabnähers ziehen (kl).
   ▶ Auf der Linie (gh) von der Seitennaht aus 5 cm nach innen abmessen (m). Von dort eine Linie zum äußeren Rand des Trägers ziehen (mj). Der Träger sollte unten etwas breiter sein als an der Schulter. Zum Nähen den Träger doppelt zuschneiden und verstürzen.

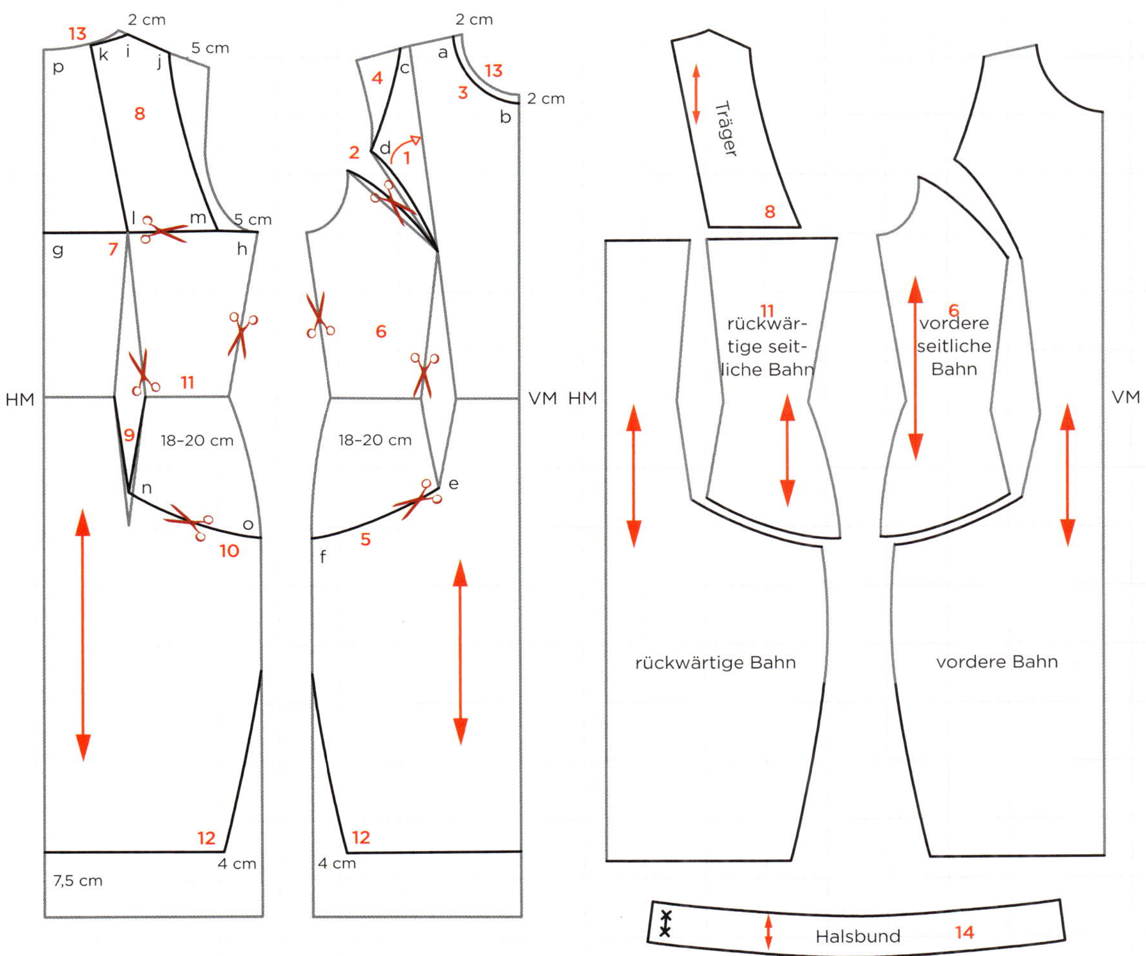

9. Den rückwärtigen Taillenabnäher passend zum vorderen Taillenabnäher kürzen.
10. Von der unteren Spitze des rückwärtigen Taillenabnähers entsprechend der Linie am Vorderteil eine Kurve zur Hüfte ziehen (no).
11. Die entstandene rückwärtige seitliche Bahn abschneiden.

Vorder- und Rückenteil

12. Den Rock um 7,5 cm kürzen und den Saum um 4 cm einstellen. Wird der Rock nicht gekürzt, muss eventuell am hinteren Saum ein Gehschlitz genäht werden (siehe Bleistiftrock, S. 44).

Halsbund

13. Die Gesamtlänge des Halsbunds berechnen: Vorn ist dies die Länge des Halsausschnitts (ab) x 2. Hinten wird von der HM am Hals (p) zur Spitze der Schulternaht (i) gemessen.
14. Den Grundschnitt des Stehkragens (S. 30) abpausen und auf dieses Maß angleichen. Eine Knopfleiste für den Verschluss anfügen (siehe Hemdblusenkleid S. 88).

Abschlussarbeiten

Rückenteil und Armausschnitte mit einem Besatz (siehe S. 16) oder einer Einfassung versäubern.

Hemdblusenkleid

Dieses Kleid sieht aus, als wäre es gerade geschnitten, wird jedoch vom Grundschnitt des Kleides mit Abnähern konstruiert. Die Ausformung der Brustpartie ist in der Kräuselung an der Passe verborgen. Am schönsten ist das Modell aus dünnem Webstoff. Der Kragen muss präzise genäht werden.

Schnittkonstruktion

Grundschnitt: Kleid mit Abnähern:

Passe

1. Den Schulterabnäher zulegen.
2. Von der Schulternaht 5 cm nach unten messen und parallel zur Schulter eine Linie vom Arm- zum Halsausschnitt ziehen (ab).
3. Vordere Passe auf dieser Linie abschneiden.
4. Vom Halsausschnitt an der HM 9 cm abmessen und eine waagrechte Linie über das Rückenteil ziehen (cd).
5. Hintere Passe auf dieser Linie abschneiden.
6. Das vordere und hintere Passenteil an der Schulternaht verbinden und an der HM zu einem kompletten Schnittteil spiegeln.

Vorderteil

7. Den Schulterabnäher in die ursprüngliche Position zurückdrehen; die Seitennaht am Schnittteil ist wieder durchgehend.
8. Den Schulterabnäher in Abnäher- oder Kräuselfältchen legen, sodass die Partie an die vordere Schulternaht der Passe (ab) passt.
9. Halsausschnitt an der VM um 13 mm vertiefen.
10. Entlang der VM 5 cm anfügen. 2 cm von der VM einen Umbruch für die Knopfleiste zeichnen. An der Oberkante der Knopfleiste die Linie des Halsausschnitts spiegeln.

Vorder- und Rückenteil

11. Die Taillenabnäher entfernen.
12. Armausschnitt um 2,5 cm vertiefen und um 2 cm verbreitern.
13. Vom Armausschnitt eine gerade Linie zum Saum ziehen, sodass hemdartige gerade Seitennähte entstehen. Saumecke abrunden.

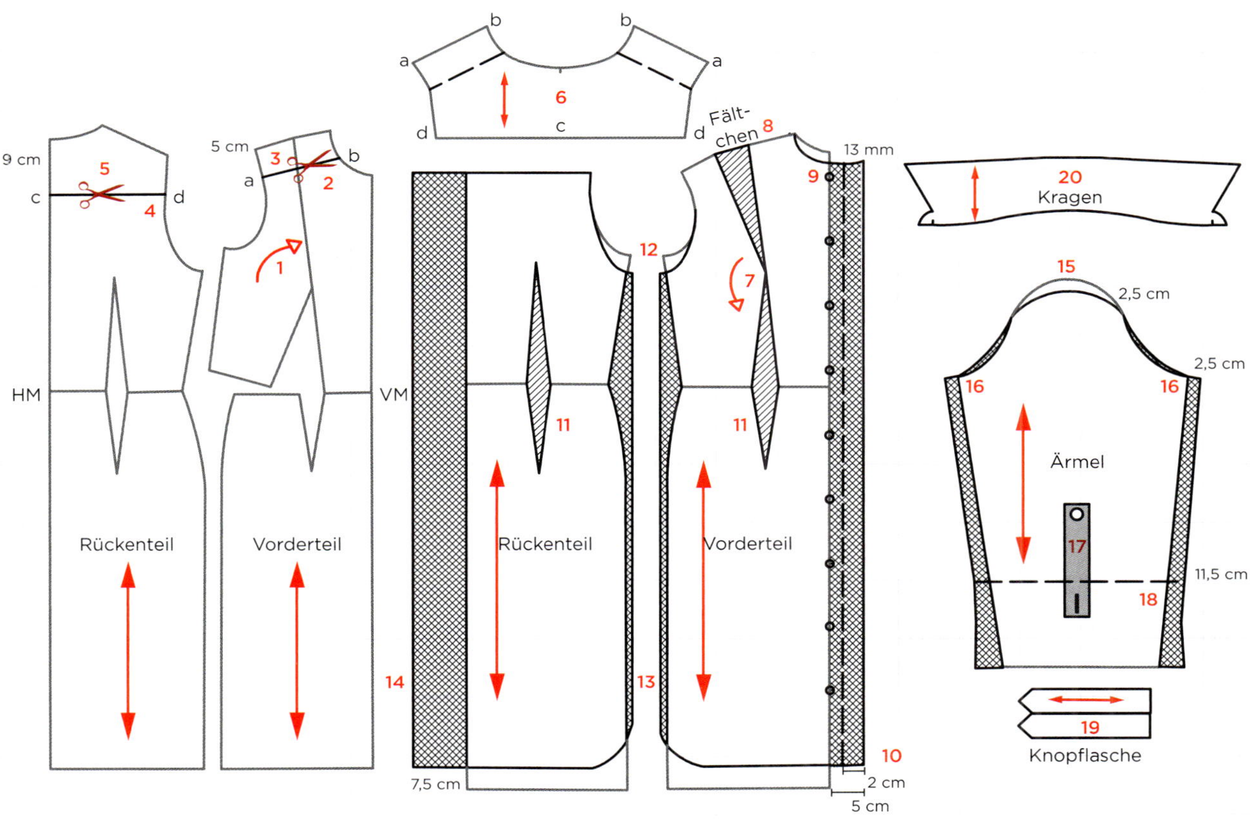

Rückenteil

14. Entlang der HM 7,5 cm für die Rückenfalte anfügen.

Ärmel

Basis ist der Grundschnitt des langen Ärmels.

15. Die Ärmelkugel um 2,5 cm vertiefen. So entsteht ein flacher Ärmel mit weniger Einhalteweite.
16. An den Achselpunkten je 2,5 cm zugeben, um der Vertiefung und Verbreiterung des Armausschnitts zu entsprechen.
17. Die Position der Knopflasche markieren. Der Knopf sitzt außen am Ärmel, die Lasche wird innen angenäht und um den Ärmelsaum geschlungen.
18. Die Ärmelaufschläge konstruieren: Vom Ärmelsaum 11,5 cm abmessen und den Saum des Papierschnitts an diese Linie falten. Da der Ärmel nach unten enger wird, fehlt nach dem Falten beidseits ein Dreieck. Diese Dreiecke ergänzen, sodass die Saumlinie nach dem Umschlagen so breit liegt wie der Ärmel. Nch dem Auffalten sind die Außenkanten ab dem Umbruch leicht ausgestellt.
19. Konstruktion der Knopflasche: zunächst deren Länge bestimmen: Soll sie flach auf dem Ärmel liegen, den Saum leicht raffen oder den Ärmel einmal umschlagen?

Kragen

20. Einen Kragen-Grundschnitt konstruieren (siehe S. 29).

Trägerkleid

Je nach Stoffauswahl kann dieses Modell elegant oder lässig wirken. Leger wird es aus festem Baumwollköper oder aus Feincord – oder wie wäre es mit Nadelstreifen-Wollstoff für ein etwas anderes Büro-Outfit?

KELLERFALTEN

Vor dem Einbügeln der Kellerfalten den Saum umbügeln, damit alle Faltenbrüche in der richtigen Richtung liegen.

Schnittkonstruktion

Grundschnitt: Kleid mit Abnähern. Es wird gleichzeitig an Vorder- und Rückenteil gearbeitet:

Oberteil

1. Am Grundschnitt mit geöffnetem Schulterabnäher die Schulternaht um 2,5 cm kürzen, den Armausschnitt um 2,5 cm vertiefen. Parallel zum Grundschnitt eine neue Armausschnittlinie zeichnen (ab).
2. Schulterabnäher schließen und das Schnittmuster am Ansatz der Prinzessnaht im Armausschnitt aufdrehen (siehe S. 17).
3. Die Prinzessnaht (Wiener Naht) am Rückenteil spiegeln: Entsprechend dem Abnäher im Armausschnitt des Vorderteils eine Linie vom Armausschnitt zur oberen Spitze des Taillenabnähers ziehen.
4. Halsausschnitt vorn an der Schulter um 4 cm verbreitern, an der VM um 7,5 cm vertiefen. Eckigen Ausschnitt zeichnen (siehe S. 121).
5. Halsausschnitt hinten an der Schulter um 4 cm verbreitern, an der HM um 13 mm vertiefen. Zwischen den Punkten eine geschwungene Linie für einen etwas vertieften Ausschnitt zeichnen. Die vorderen und hinteren Schulternähte müssen gleich lang sein.
6. Dieses Modell wird über einem Oberteil getragen, daher Mehrweite für lockere Passform zufügen: Abnäherinhalte beidseits um 6 mm verringern, Seitennähte um 6 mm nach außen abtragen.

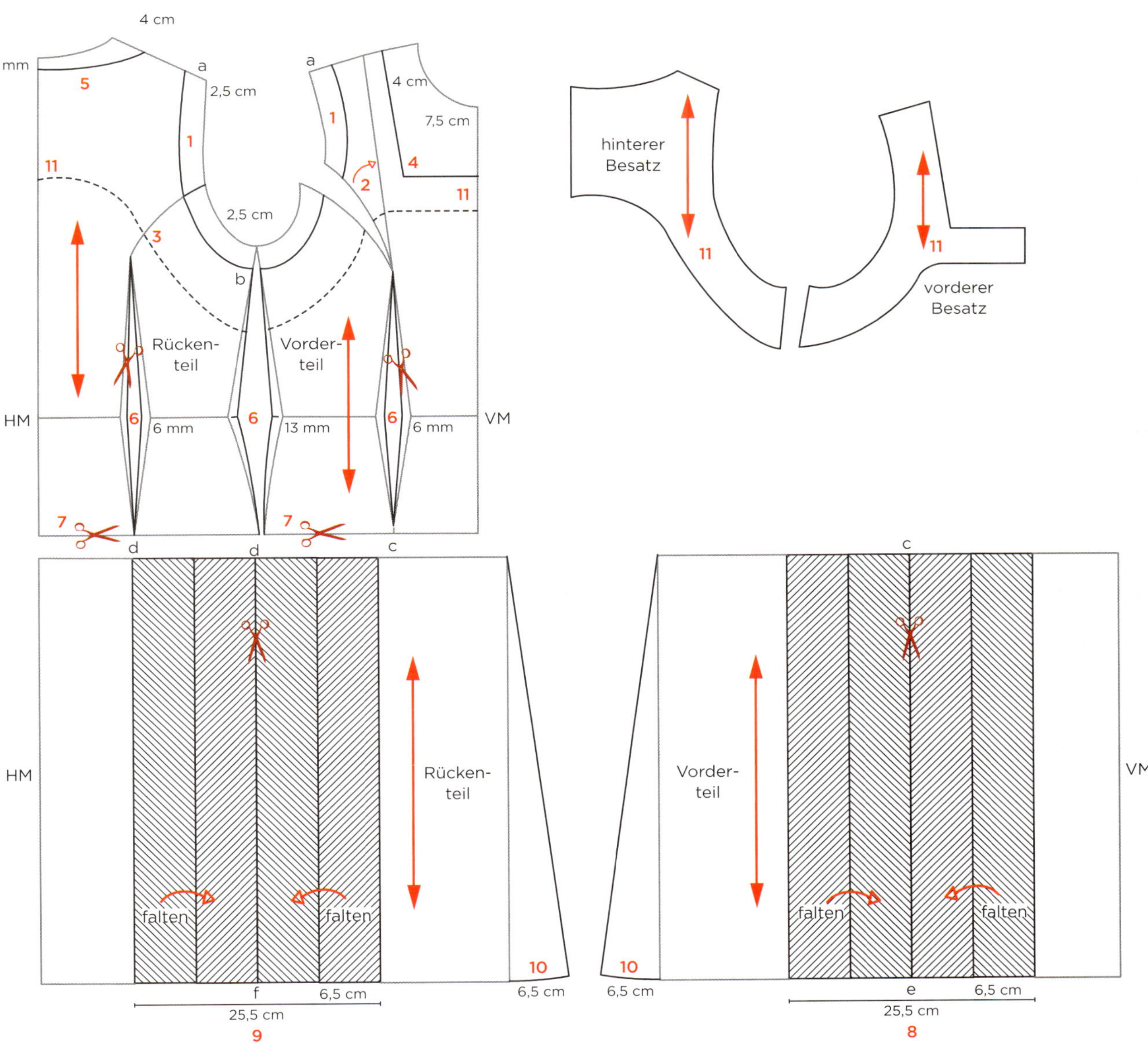

7. In Höhe der Spitze des hinteren Rockabnähers eine waagrechte Linie über Vorder- und Rückenteil ziehen und durchschneiden, um Ober- und Rockteile zu erhalten. Oberteile entlang der Wiener Naht schneiden.

Rock

8. Am Vorderteil von der unteren Spitze des Taillenabnähers (c) eine Senkrechte zum Saum (e) ziehen. Durchschneiden und 24 cm für die Kellerfalte (beidseits 6 cm breit) einfügen.

9. Am hinteren Rockteil wiederholen. Achtung: Das Schnittteil wird im Stoffbruch zugeschnitten, nicht mit Naht wie im Grundschnitt.

10. Saum an Vorder- und Hinterrock beidseits um 6 cm ausstellen (siehe S. 84).

Besatz

11. Gemäß der gestrichelten Linie (Abbildung) vorderen und hinteren Besatz konstruieren. Vorn an der Wiener Naht zusammenfügen.

Schürzenkleid

Dieses bequeme Kleid ist praktisch und schick zugleich. Mit den großen Taschen ist es ideal zum Gärtnern oder Basteln und Werken. Es wird aus dem Rückenteil des Grundschnitts für das Kleid mit Abnähern konstruiert, jedoch ohne Abnäher. Dies zeigt, wie man aus einem Grundschnitt einen legeren und doch gut sitzenden Modellschnitt entwickeln kann.

TIPPS

> Für eine einfache Schürze das Kleid an Punkt (f) durchschneiden, den Schlitz für das Bindeband weglassen und statt der Schulterträger einen Nackenträger arbeiten.

> Bei großer Oberweite oder für engere Passform einen kleinen Abnäher (g) im Armausschnitt anbringen (siehe Abb. S. 93) Die Armausschnittlinie ggf. wieder abrunden. Um sicherzugehen, dass das Kleid das Gesäß bedeckt, kann das Schnittteil zur linken hinteren Seitennaht verbreitert werden.

Schnittkonstruktion

Grundschnitt: Kleid mit Abnähern (nur das Rückenteil).

Vorder- und Rückenteil

1. Man könnte sagen, dass dieses Kleid drei Rückenteile hat, denn der erste Schritt ist das Abpausen des gesamten Grundschnitt-Rückenteils plus eines (halben) Extrarückenteils, aus dem das Vorderteil konstruiert wird. Die Teile am Achselpunkt aneinanderlegen – wahrscheinlich überlappen sie sich leicht, je nach Konfektionsgröße.
2. Alle Taillenabnäher streichen.
3. Die an der Taille durch das Aneinanderlegen der Schnittteile entstandene Lücke ausfüllen.
4. Die Schürzenform des Oberteils konstruieren:
   ▸ An der VM beginnend vom Halsausschnitt 10–13 cm nach unten messen (a).
   ▸ Die Innenkante des Trägers (b) sollte auf einer Linie mit dem Brustpunkt (BP) liegen.
   ▸ Für die Außenkante des Trägers und die obere Ecke der Schürzenpartie ab Punkt (b) 4 cm nach außen messen.
   ▸ Zwischen diesen Punkten (abc) eine gerade Linie ziehen.

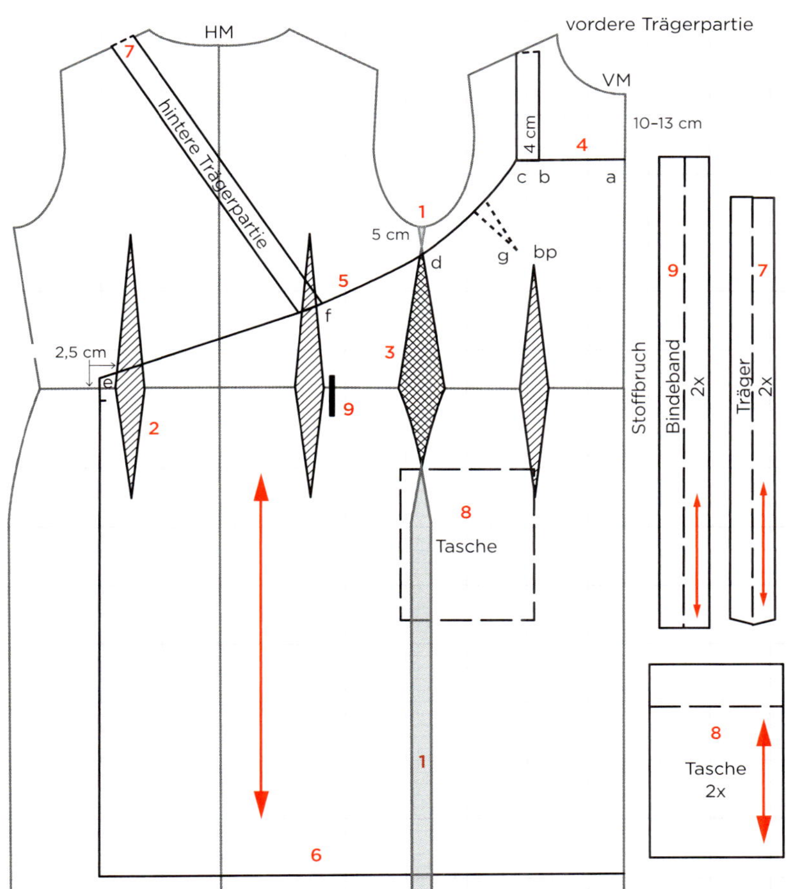

5. Die Seite der Schürzenpartie einzeichnen:
   ▸ 5 cm unterhalb des Armausschnitts einen Punkt (d) markieren.
   ▸ Einen Punkt abmessen, der 2,5 cm außerhalb des linken hinteren Taillenabnähers und 2,5 cm über der Taillenlinie liegt (e).
   ▸ Die Punkte durch eine lange, geschwungene Linie verbinden (cde).
6. Die Länge des Kleides festlegen und die Schürzenform vervollständigen.

Träger

7. Die gekreuzten Träger enden an dem Punkt, an dem die Oberkante des Rückenteils durch den hinteren Taillenabnäher führt (f). Zur Berechnung der Trägerlänge ihre Position auf dem Schnitt konstruieren, die Länge der vorderen und hinteren Trägerpartie addieren.

Taschen

8. Aufgesetzte Taschen zeichnen (Grundschnitt S. 31, Anleitung S. 76) und ihre Position gemäß der Abbildung markieren.

Bindeband

9. Dicht neben dem rechten hinteren Taillenabnäher einen Schlitz einzeichnen. Dieser wird nur an einer Seite des Kleides angebracht und wie ein großes Knopfloch von Hand oder mit der Maschine genäht. Hübsch ist ein Paspelknopfloch. Ein Bindeband zeichnen (doppelt so lang wie die Taillenweite).

Pulloverkleid

Dieses Kleid ist unkompliziert zu nähen und noch unkomplizierter zu tragen. Basis ist der leicht abgewandelte Grundschnitt des Raglanärmels. Am Hals schließt das Kleid mit einem weichen, warmen Kragen ab. Strickstoff mit breitem Rippen- oder Zopfmuster ergibt ein kuscheliges Winterkleid, das sich gut mit Leggings und Stiefeln kombinieren lässt.

Schnittkonstruktion

Grundschnitt: Raglanärmel; das Oberteil wird auf Kleiderlänge verlängert. Ärmel an der Ärmelmitte falten und wie abgebildet an das Oberteil anfügen.

Vorderteil

1. Den Halsausschnitt an der Schulterlinie um 2,5 cm erweitern, an der VM um 5 cm vertiefen. Eine neue Halsausschnittlinie einzeichnen.

Rückenteil

2. Den Halsausschnitt am Schulterpunkt um 2,5 cm erweitern, passend zum Vorderteil.

Vorder- und Rückenteil

3. Vom Achselpunkt (a) einen langen, leicht geschwungenen Bogen zum Saum (c) ziehen. Die breiteste Stelle liegt auf Höhe der Hüftlinie (b), etwa 4 cm neben der Seitennaht des Grundschnitts.
4. Die Länge des Kleides festlegen und einen 7,5 cm breiten Saum anfügen; dabei die Kurve der Seitennaht spiegeln (cd).

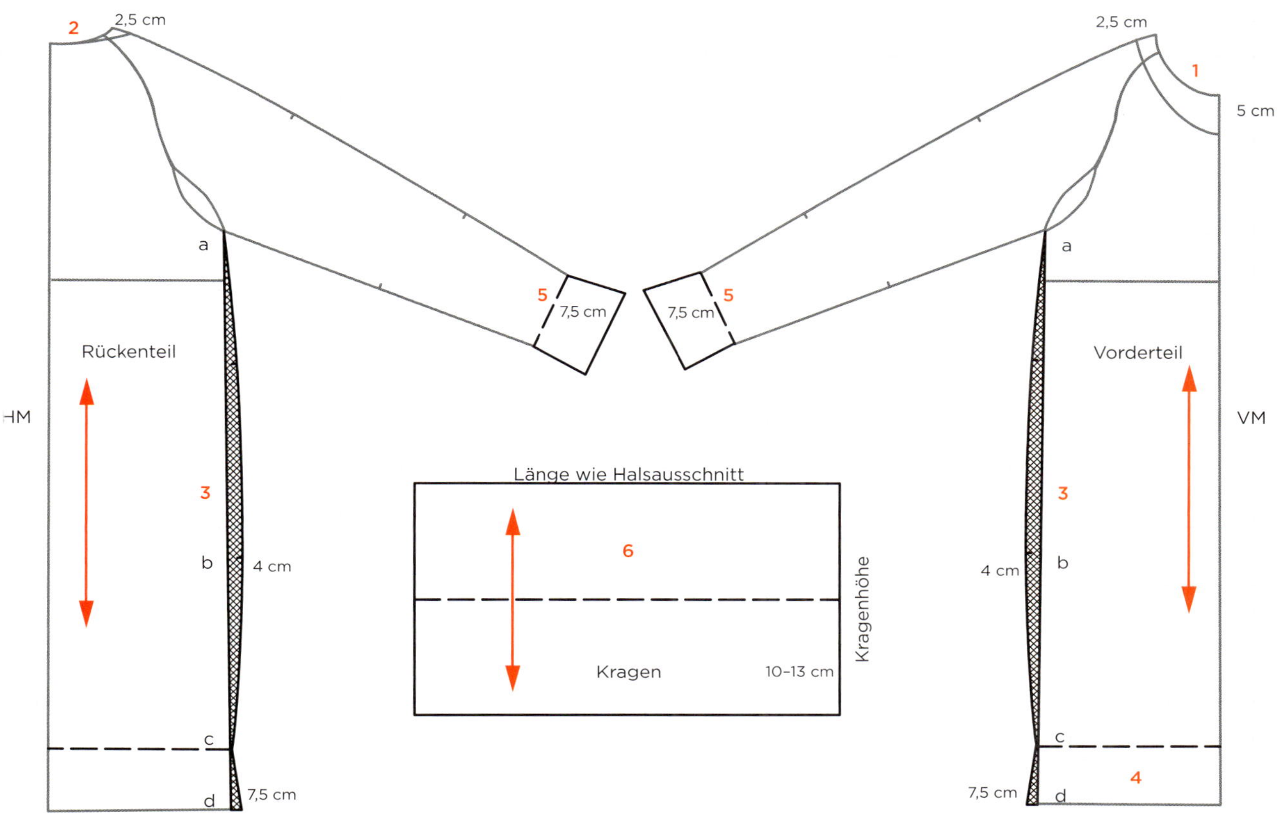

Ärmel

5. Die Länge des Ärmels festlegen und einen 7,5 cm breiten Saum anfügen; dabei die Form des Ärmels spiegeln, so wie am Saum des Kleides.

Kragen

6. Ein Rechteck von der Länge des Halsausschnitts und der doppelten gewünschten Kragenhöhe aufzeichnen.
   ▸ Die Länge des Kragens am vertieften Halsausschnitt (Vorder- und Rückenteil) abmessen – exakt gelingt dies mit einem biegsamen Lineal oder mit einem auf die Kante gestellten Maßband.
   ▸ Für die Kragenhöhe sind 10–13 cm ein gutes Maß.

NÄHTIPPS

> Falls vorhanden, zum Nähen des Kleides eine Overlockmaschine verwenden.

> Für dekorative, elastische Säume einen 2-fach- oder 3-fach-Zickzackstich verwenden.

Sonnenkleid

Dieses Kleid wird mit nur wenigen Änderungen aus dem Grundschnitt für das Kleid mit Abnähern konstruiert – ideal als schnelles Sommerprojekt. Das Entscheidende sind die Träger: Experimentieren Sie mit verschiedenen Breiten und Positionen – gerade oder über Kreuz. Sie können den Oberstoff verwenden, aber auch Borten, Bänder oder Ziergummiband.

TIPPS

> Vor dem Zuschneiden der Träger den Stoff mit Bügelvlies verstärken. Jeden Streifen längs falten und bügeln, um die Mitte zu markieren. Beide Längskanten zur Mitte falten, dann an der Mittellinie falten. Es entsteht ein ca. 13 mm breiter Streifen. Schmalkantig zusammensteppen.

> Eventuell zeigt sich bei der Anprobe, dass das Oberteil oben an den Seitennähten etwas verengt werden muss.

Schnittkonstruktion

Grundschnitt: Kleid mit Abnähern.

Vorderteil

1. Den Schulterabnäher schließen; den Schnitt am Punkt des seitlichen Brustabnähers aufdrehen.
2. Den Abnäher ab dem Brustpunkt um 6,5 cm kürzen.
3. Das Vorderteil gestalten: Die gewünschte Ausschnitttiefe festlegen und ab der VM abmessen (Vorschlag: um 13 cm vertiefen). Ab diesem Punkt eine gerade waagrechte Linie zur Position des Schulterabnähers direkt über dem Brustpunkt ziehen. Von dort die Linie leicht abwärts geschwungen zeichnen, sodass sie 2,5 cm unter dem Achselpunkt an der Seitennaht endet. An der Linie durchschneiden; die obere Partie entfernen.
4. Den vorderen Taillenabnäher oben um 4 cm kürzen, damit er keine unschöne Tüte bildet.

Rückenteil

5. Vom Achselpunkt 2,5 cm abmessen und von dort eine waagrechte Linie zur HM ziehen, durchschneiden, die obere Partie entfernen.

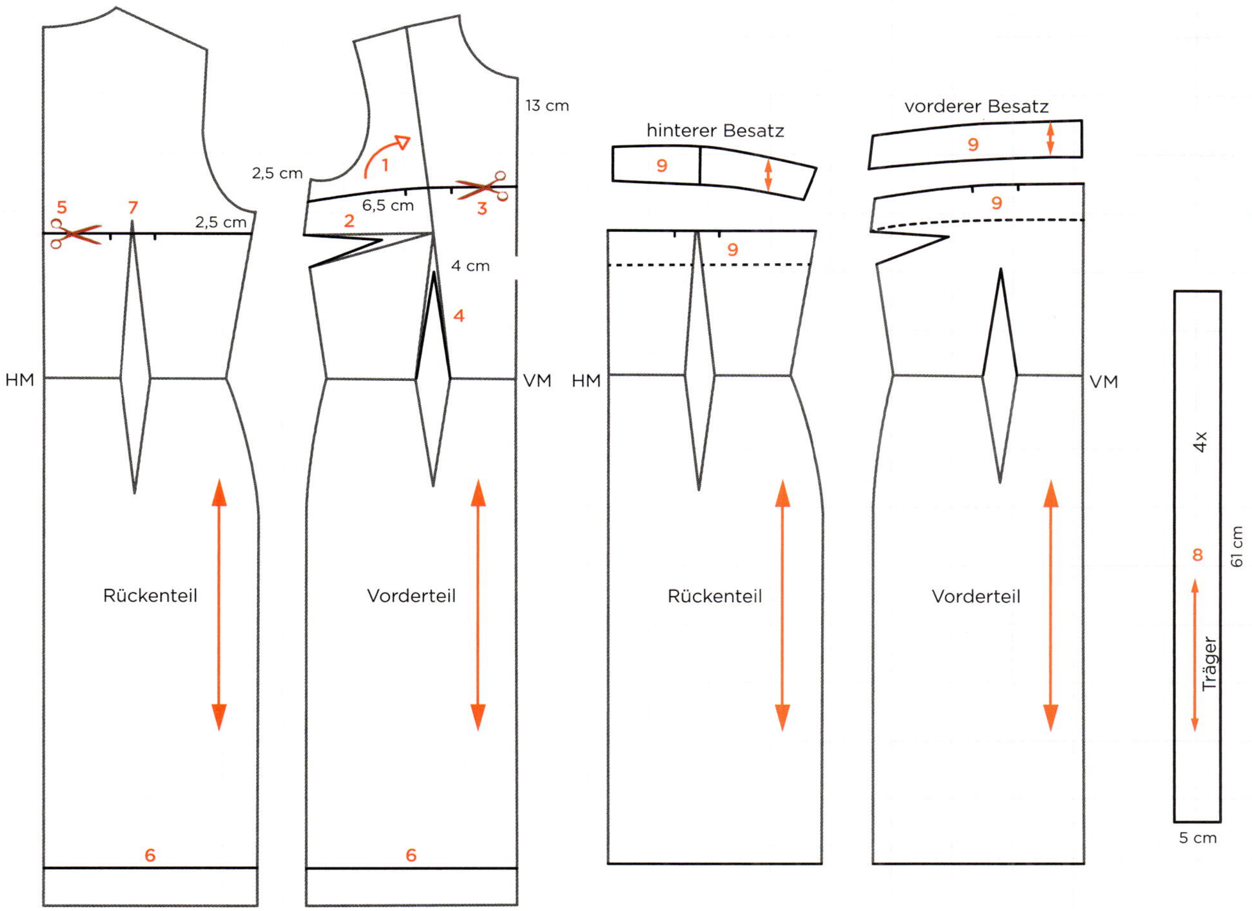

Rock (Vorder- und Rückenteil)

6. Die Rocklänge festlegen und den Grundschnitt entsprechend kürzen oder verlängern.

Träger

7. An der Oberkante des Kleides die Position der Träger markieren: Sie sollten vorn zu gleichen Teilen rechts und links des zugelegten Schulterabnähers oberhalb des Brustpunkts sitzen (BP des Original-Grundschnitts, nicht den neu gezeichneten gekürzten Abnähern), hinten oberhalb des Taillenabnähers.

8. Für die Träger vier ca. 61 cm lange und 5 cm breite Rechtecke zuschneiden. Die Träger verkreuzen wie im Bild rechts.

Besatz

9. Gemäß den gestrichelten Linien (Abb.) einen vorderen und hinteren Besatz konstruieren. Die hinteren Partien verbinden und abrunden, dann die vorderen Partien ansetzen.

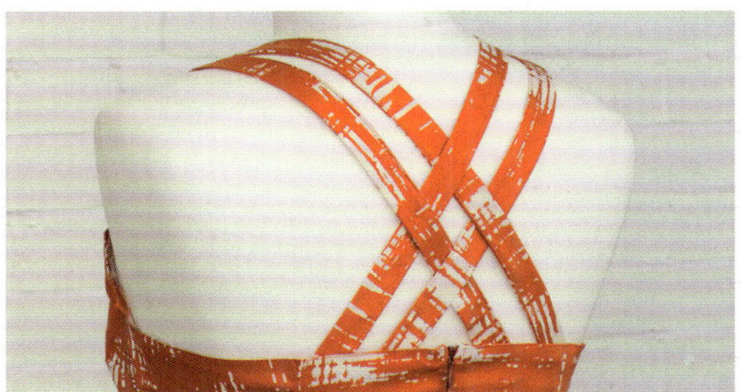

Wickelkleid

Das Wickelkleid, das durch die Designerin Diane von Fürstenberg berühmt wurde, ist heute ein Klassiker. Es steht den meisten Frauen und fast alle Stoffe eignen sich dafür, vor allem Drucke. Durch den Grundschnitt mit Abnähern sitzt es besser als die meisten gekauften Modelle, da durch geschicktes Einschneiden und Überlappen ein Aufklaffen am Ausschnitt verhindert wird.

ÜBUNG MACHT DEN MEISTER

Es lohnt sich, ein Nesselmodell zu nähen und die Wickelpartie ganz exakt zu konstruieren, denn wenn dieser Schnitt erst gut sitzt, werden Sie immer wieder danach nähen wollen!

Schnittkonstruktion

Grundschnitt: Kleid mit Abnähern.

Vorderteil

1. Den Schulterabnäher schließen und den Schnitt an der Position des französischen Abnähers aufdrehen.
2. Den Halsausschnitt auf der Schulterlinie um 2,5 cm erweitern.
3. Vom Brustpunkt zur VM eine Linie ziehen (ab), die Fortsetzung der oberen Linie des französischen Abnähers. Bis zum BP einschneiden und die obere Partie des Schnittes so drehen, dass sie die untere um 13 mm überlappt. So wird verhindert, dass das Kleid vorn aufklafft.

Wickelpartie

4. Den Punkt markieren, an dem sich die vorderen Partien kreuzen – ca. 13 cm unterhalb des Halsausschnitts, etwa an dem Punkt, an dem in Schritt 3 die Ausschnittlinie abgewandelt wurde (b).
5. Vom Halsansatz (c) zum Kreuzungspunkt (b) eine Linie ziehen und bis 2,5 cm oberhalb der Taillenlinie und ca. 15–18 cm jenseits der VM fortsetzen (cbd). Der Abstand (bd) sollte genauso lang sein wie von der VM zur Mitte des Taillenabnähers; je nachdem, wie weit die Partien des Kleides sich überlappen sollen, kann man hier abwandeln.

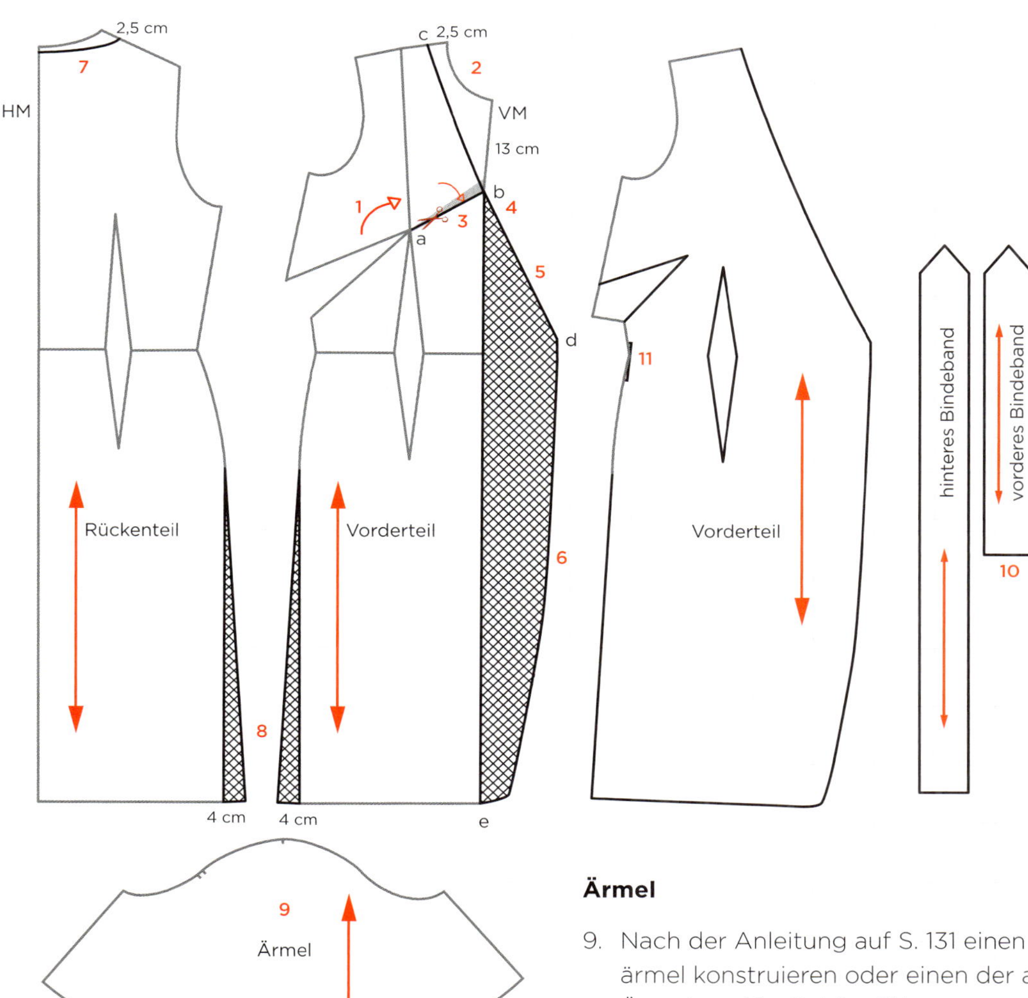

6. Vom Taillenpunkt der Wickelpartie eine lange, geschwungene Linie zur VM am Saum ziehen (de). Für eine dezentere Wickelpartie die Linie ab Taille (d) parallel zur VM zum Saum ziehen.

Rückenteil

7. Halsausschnitt passend zum Vorderteil abwandeln.

Rock (Vorder- und Rückenteil)

8. Den Rocksaum an den Seitennähten um 4 cm ausstellen (A-Linie siehe S. 84).

Ärmel

9. Nach der Anleitung auf S. 131 einen Glockenärmel konstruieren oder einen der anderen Ärmel aus Kapitel 6 wählen.

Bindebänder

10. Zwei Bindebänder aufzeichnen. Das hintere Band wird durch die Seitennaht um die Taille geführt und muss etwa doppelt so lang sein wie das vordere.

11. Auf dem Schnitt markieren, an welcher Stelle der Seitennaht das Band durchgeführt wird. Hier beim Nähen einen Schlitz offen lassen.

Fertigstellung

Je nach Stoff kann man für die lange Kante der Wickelpartie einen Besatz entwerfen. Die Alternative wäre ein Futter.

Asymmetrisches Kleid

Dieses Kleid sieht spektakulär aus, ist jedoch ganz einfach, da Vorder- und Rückenteil gleich sind. Es wird in zwei Lagen genäht, was den Vorteil hat, dass Hals- und Armausschnitt einen sauberen Abschluss bekommen. Dünner Stoff wie Georgette ist ideal.

TUNNEL NÄHEN

Die Stofflagen an Arm- und Halsausschnitt verstürzen, dabei an der Schulter eine Öffnung für die Tunnel lassen. Entlang der Schulternaht im Nahtschatten steppen, um die Lagen zu verbinden. Dann beidseits der Schulternaht in 2 cm Abstand eine Naht steppen, sodass zwei Tunnel entstehen (siehe Abb. oben rechts).

Schnittkonstruktion

Grundschnitt: Kleid mit Abnähern (nur das Rückenteil; Vorder- und Rückenteil sind gleich).

Vorder- und Rückenteil

1. Den Grundschnitt abpausen und an der HM spiegeln. Aufgrund des asymmetrischen Designs wird ein komplettes Schnittteil benötigt.
2. Den rechten Armausschnitt um 13 mm vertiefen und 13 mm erweitern (a).
3. Von diesem Punkt eine Diagonale zum Halsansatz ziehen (ab).
4. Die linke Schulter am Schulterpunkt um 2,5 cm erhöhen (c) und vom Hals (b) eine Linie zu diesem Punkt ziehen. Die Linie fortsetzen (bcd), sodass die Schulter 23 cm lang wird.
5. Den linken Armausschnitt um 4,5 cm vertiefen und um 2 cm erweitern (e).
6. Den linken Armausschnitt durch eine diagonale Linie von (d) zu (e) vervollständigen.

Rock

7. Die Länge festlegen und ab der Taille abmessen. Den unteren Saum beidseits um 5 cm ausstellen. Die Armausschnitte mit der neuen Saumlinie verbinden (ef/ag).

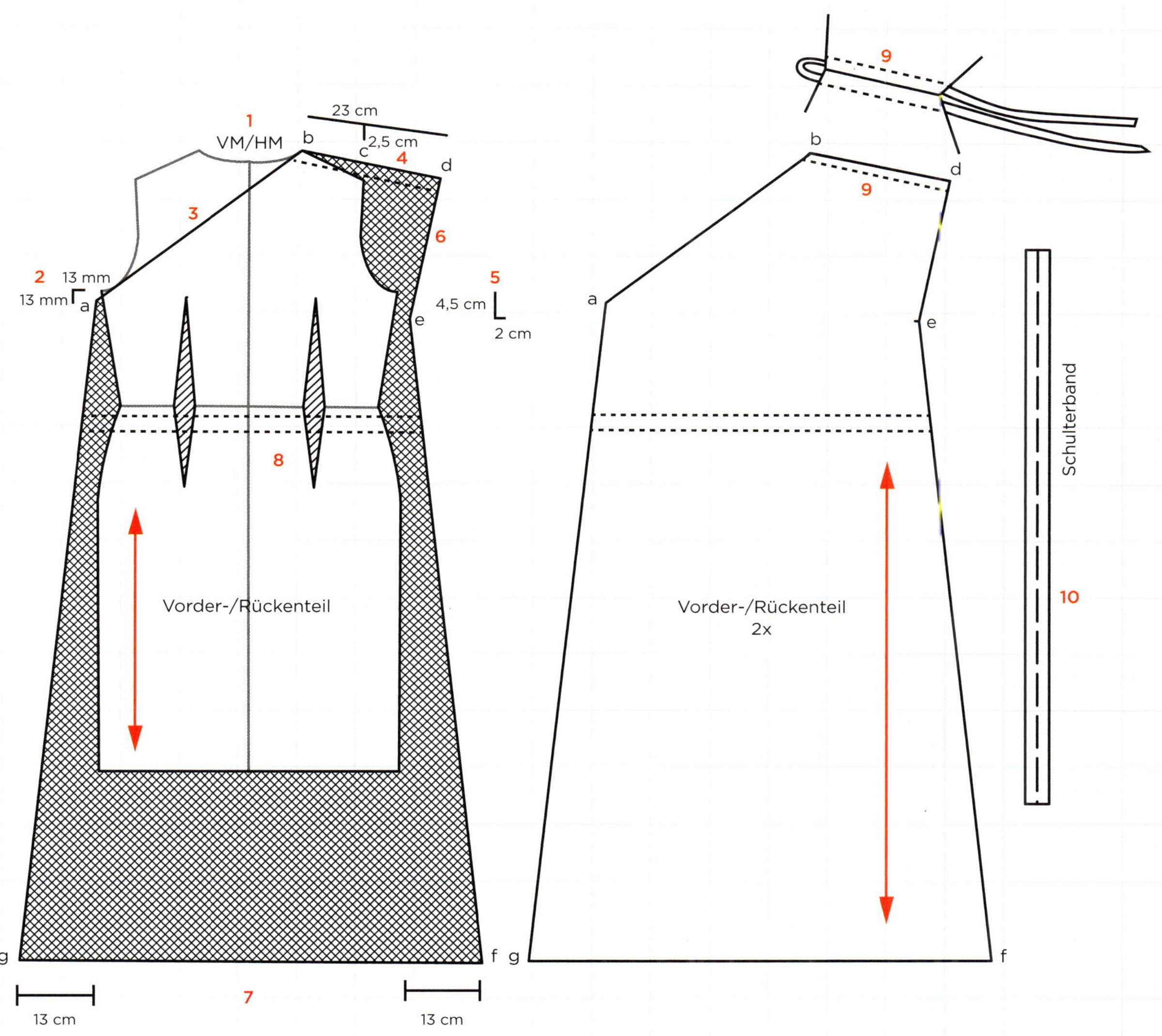

Tunnel

8. Den Tunnel für das Gummiband an der Taille 2,5 cm unter der Taillenlinie einzeichnen – so fällt das Oberteil später an der Taille blusig. Für ein 2,5 cm breites Gummiband sollte der Tunnel 4 cm breit sein.

9. Den Tunnel für die Schulterbänder an der Schulter 2 cm unterhalb der Schulternaht einzeichnen. Da Vorder- und Rückenteil gleich sind, entstehen an der Schulternaht zwei Tunnel, durch die das Band gezogen wird (siehe Abbildung).

Bindeband

10. Einen schmalen Stoffschlauch nähen, der lang genug für die Schultertunnel und eine hübsche Schleife ist.

Trägerloses Kleid

Ein nostalgisches Modell, das aus hellem Baumwoll- oder Hemdenstoff mit kontrastfarbigen Akzenten am Oberteil ein schönes Sommerkleid ergibt. Mit einem Petticoat ist der 50er-Jahre-Stil perfekt. Aus edlem Stoff auch als Ballkleid wunderschön. Verschiedene Rocklängen sind ebenso möglich wie die Kombination mit anderen Rockschnitten – Bleistift- oder Godetrock wären sehr elegant.

SICHERER HALT

> Trägerlose Kleider benötigen Miederstäbchen für sicheren Halt. Das Oberteil nochmals aus Futter zuschneiden und an allen Nähten Stäbchen einnähen (außer an der HM, wo der Reißverschluss einen ähnlichen Effekt hat). Schutzkappen auf die Stäbchenenden setzen, damit diese sich nicht in den Körper bohren.

> Einen Hauch von Couture und besonders guten Halt bekommt das Kleid durch ein Taillenband aus 2,5 cm breitem Ripsband (ähnlich dem Taillenband an einem Rucksack). Es wird von Hand innen an allen Nähten angenäht und im Rücken separat mit einem Haken geschlossen, etwas enger als der Reißverschluss.

Schnittkonstruktion

Grundschnitt: Kleid mit Abnähern, nur das Oberteil.

Oberteil

Es wird an Vorder- und Rückenteil gleichzeitig gearbeitet.

1. Am Vorderteil den Schulterabnäher um 2 cm überlappend zulegen und den Taillenabnäher öffnen. Dadurch liegt das Kleid oberhalb der Brust eng an.
2. Vorder- und Rückenteil an der Seitennaht aneinanderlegen.
3. Die Einfassung des Oberteils zeichnen:
   ▸ Vom Halsausschnitt bis zur gewünschten Mitte des Dekolletés messen. Auf dem Schnitt als Punkt (a) markieren.
   ▸ Von der Schulter entlang des BH-Trägers bis zur gewünschten Höhe der Oberkante messen. Auf dem Schnitt als (b) markieren.

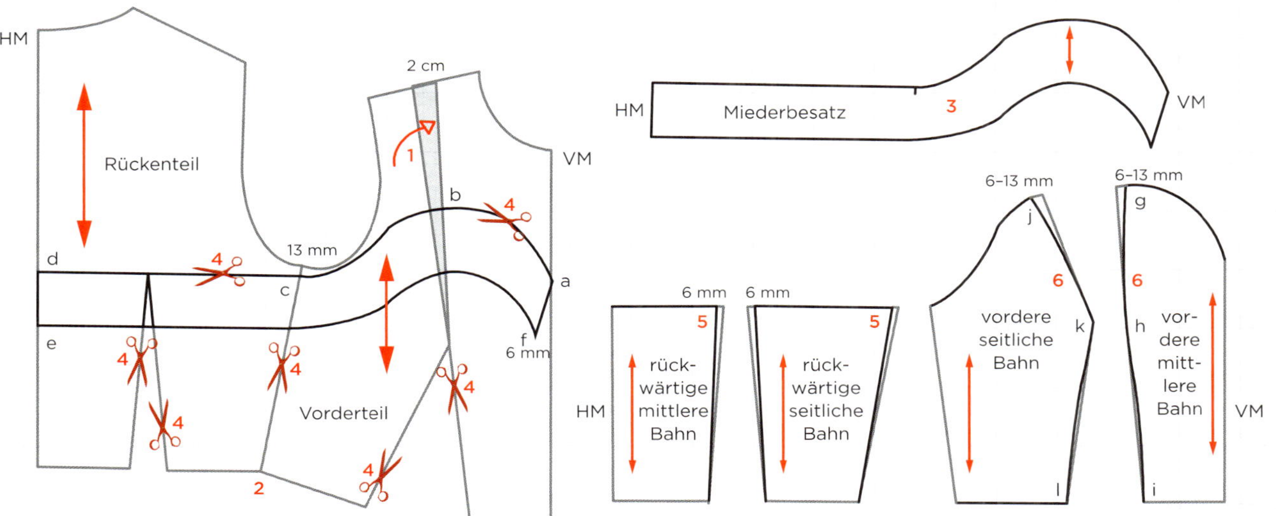

- Mit einem Kurvenlineal, einem Tellerrand oder mit ruhiger Hand eine Kurve von (a) zu (b) ziehen.
- Ab dem Achselpunkt 13 mm nach unten abmessen (c). Die Linie von Punkt (b) unter dem Armausschnitt und am Rückenteil in Höhe der Spitze des Taillenabnähers bis zur HM fortsetzen (abcd).
- Eine parallele Linie mit demselben Kurvenverlauf 5 cm unterhalb der Oberkante des Oberteils einzeichnen (ef). Diese endet 6 mm vor der VM und wird von dort diagonal mit Punkt (a) verbunden (fa). Die entstandene Form als ein Schnittteil abpausen.

4. Das Oberteil an den Taillenabnähern in vier Bahnen schneiden. Die Oberkante der Bahnen hat die gleiche Form wie die Oberkante der Einfassung (abcd).
5. Die Seitenkanten der rückwärtigen Bahnen, außer der HM, um jeweils 6 mm nach innen abtragen. So liegt das Kleid enger an und hält besser.
6. An den vorderen Bahnen die Teilungsnaht zur Wiener Naht abrunden (ghi, jkl): An der vorderen mittleren Bahn den Schenkel des Brustabnähers 1–1,5 cm abtragen und die Linie wie eine öffnende Klammer abrunden (gh). Die Partie des Taillenabnähers wie eine schließende Klammer abrunden (hi). An der vorderen seitlichen Bahn ebenso vorgehen, jedoch mit umgekehrten Kurven: Die Brustpartie der Teilungsnaht (jk) verläuft wie eine schließende Klammer, die Taillenpartie (kl) wie eine öffnende Klammer. Die Kurven abmessen: Sie müssen gleich lang sein, damit sie aneinanderpassen. All diese Details tragen dazu bei, dass das Oberteil gut sitzt.

Rock

Nach der Anleitung auf Seite 56 einen Tellerrock konstruieren. Die Taillenweite von Oberteil und Rock muss identisch sein.

Negligé

Dieses figurumspielende Néglégé wird in einem Stück auf der Basis des Grundschnitts für das Stretchkleid ohne Abnäher zugeschnitten. Seine Dehnbarkeit erhält es nicht durch Stretchstoff, sondern durch den Schrägschnitt. Besonders edel aus schwerem Georgette- oder Seidenkrepp. Der Schnitt eignet sich auch für eine elegante Abendjacke.

ZUSCHNEIDEN IM SCHRÄGEN FADENLAUF

> Für exakte Symmetrie kann dieses Schnittmuster als halbes Schnittteil konstruiert und dann an der HM gespiegelt werden. Es sollte jedoch ein ganzes Schnittteil auf den Stoff gelegt werden, da das Falten im Stoffbruch im Schrägschnitt nicht ideal ist. Siehe Abbildung zur Platzierung des Schnittes auf dem Stoff.

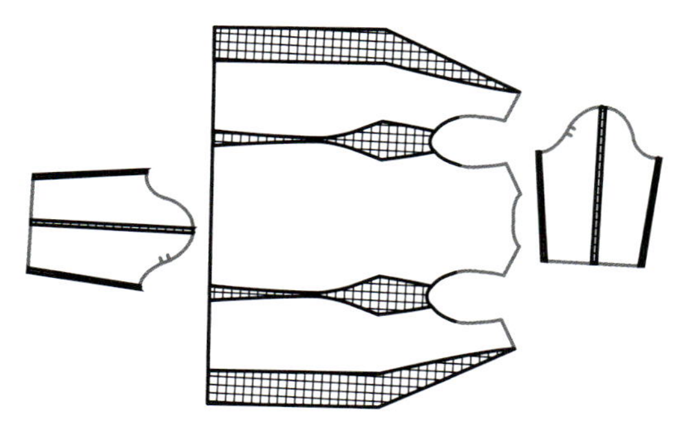

Schnittkonstruktion

Grundschnitt: Stretchkleid ohne Abnäher, nur das Rückenteil.

Vorder- und Rückenteil

1. Das Rückenteil des Grundschnitts 2x abpausen. Eines der Teile an der HM durchschneiden und beidseits mit bündigen Saumlinien an den Seiten des kompletten Schnittteils anlegen. Die Seitenteile bilden später die Wickelpartie.
2. Die beiden Seitenteile so weit vom Rückenteil verschieben, dass der Abstand an der breitesten Stelle der Hüften 4 cm beträgt. Die Saumlinie bleibt gerade.
3. Die Armausschnitte um 5 cm vertiefen.
4. Die vorderen Kanten für die Wickelpartie erweitern: Festlegen, wie weit die Partien sich überlappen sollen, und an Taille und Saum anzeichnen. 15–18 cm sind ein gutes Maß.

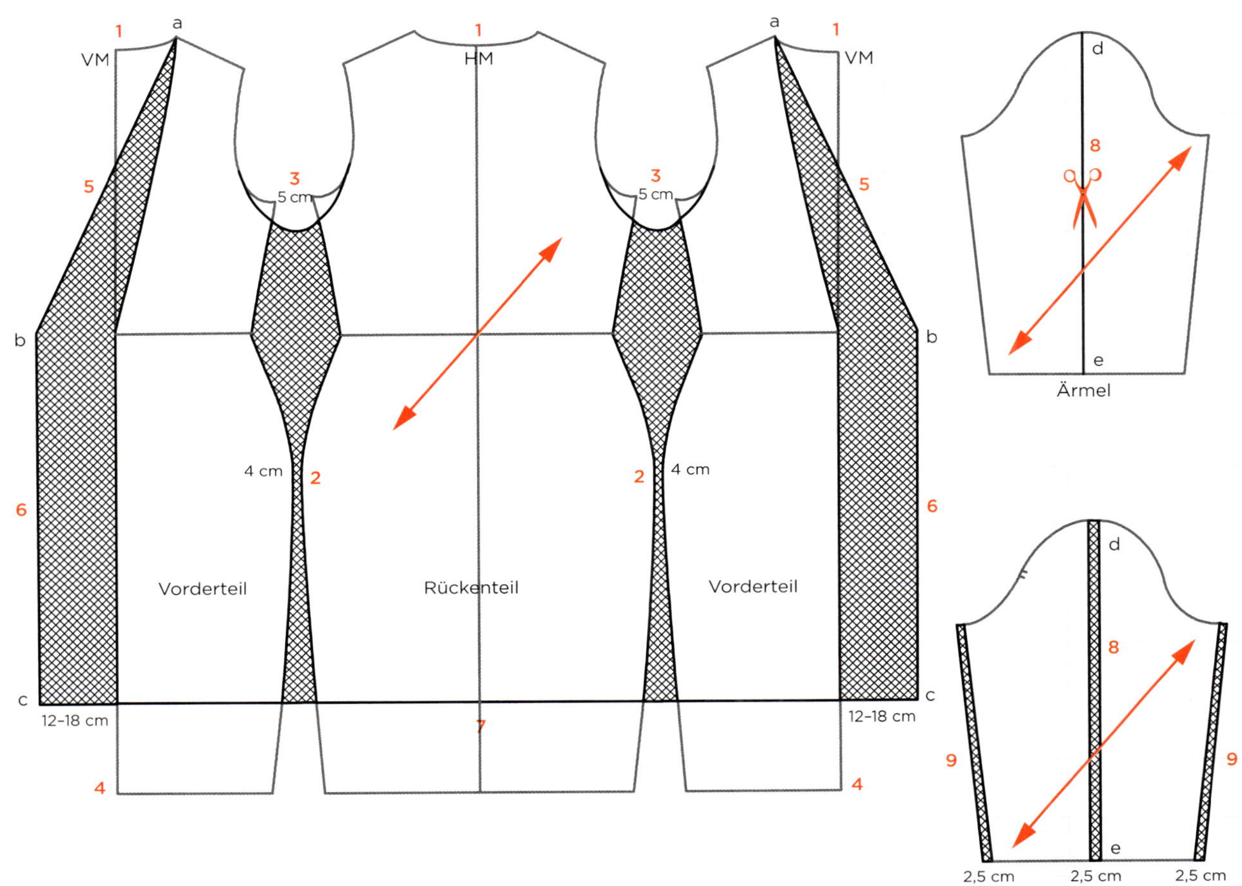

5. Vom Halsansatz (a) eine Diagonale zum neuen Taillenpunkt ziehen (ab).

6. Die Linie von der Taille bis zum Saum parallel zur VM fortsetzen (bc).

7. Am Saum auf die gewünschte Länge kürzen. Dabei die verwendete Stoffbreite berücksichtigen!

Ärmel

Grundschnitt: Dreiviertelärmel.

8. Den Ärmel entsprechend dem vertieften Armausschnitt erweitern: Die Ärmelmitte einzeichnen (de). Ärmel an der Mitte durchschneiden und um 2,5 cm erweitern.

9. An beiden Seiten des Ärmels 2,5 cm anfügen. Überprüfen, ob das Maß der Ärmelkugel – mit etwas Mehrweite – mit dem des Armausschnitts übereinstimmt.

Fertigstellung

Für die Einfassung der vorderen Kanten und als Bindeband kontrastfarbigen Stoff verwenden. An den Seitennähten können in der Taille Gürtelschlaufen angenäht werden.

Unterkleid

Dieser Schnitt eignet sich nicht nur für ein Unterkleid unter Kleidern und Röcken, sondern auch für ein hübsches Kleid oder ein Nachthemd. Durch den Schrägschnitt sitzt es figurnah, da der Stoff sich dehnt. Es wird nicht viel Stoff benötigt – schwelgen Sie in luxuriösem Seidensatin! Mit einem Spitzengodet am seitlichen Saum zeigen Sie, wie gut Sie diese Technik (S. 48) beherrschen.

SPITZENKANTE

Es mag am einfachsten erscheinen, die Spitze in einem Stück an die Oberkante zu nähen, doch bei der Anprobe lässt sich das Kleid besser anpassen, wenn die Spitze für Vorder- und Rückenteil getrennt zugeschnitten und in einer langen Seitennaht genäht wird.

Schnittkonstruktion

Grundschnitt: Kleid mit Abnähern.

Vorder- und Rückenteil

1. Den Grundschnitt auf die gewünschte Länge kürzen.

Vorderteil

2. Den Schulterabnäher schließen; den Schnitt am Punkt des seitlichen Brustabnähers aufdrehen.
3. Vom Brustpunkt zur VM eine Linie (ab) ziehen, die in Höhe des unteren seitlichen Abnäherschenkels (c) endet.
4. Das Schnittteil durchschneiden, die obere Partie entfernen. Der Abnäher wird später in der angenähten Spitze eingearbeitet.

Vorder- und Rückenteil

5. Die Taillenausformung an die Seitennaht verlegen: Die breiteste Stelle des Taillenabnähers abmessen und durch vier teilen. Dieses Maß in Taillenhöhe an der Seitennaht abtragen (d).
6. Ab jetzt die Taillenabnäher ignorieren.
7. Ab dem neuen Taillenpunkt parallel zur Seitennaht eine Linie zur Oberkante ziehen (dc).
8. Ab dem neuen Taillenpunkt über die breiteste Stelle der Hüften eine neue, leicht ausgestellte Seitenlinie zum Saum zeichnen (de), sodass der Saum um 2,5 cm ausgestellt wird (A-Linie, Anleitung siehe S. 84).

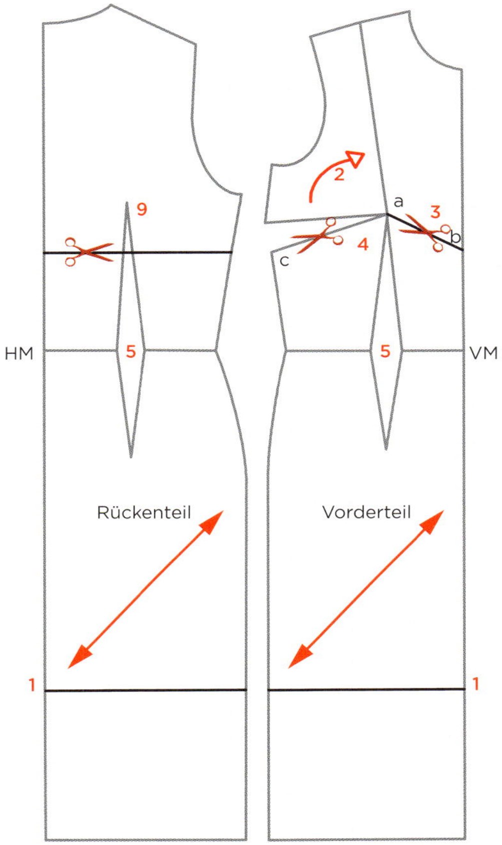

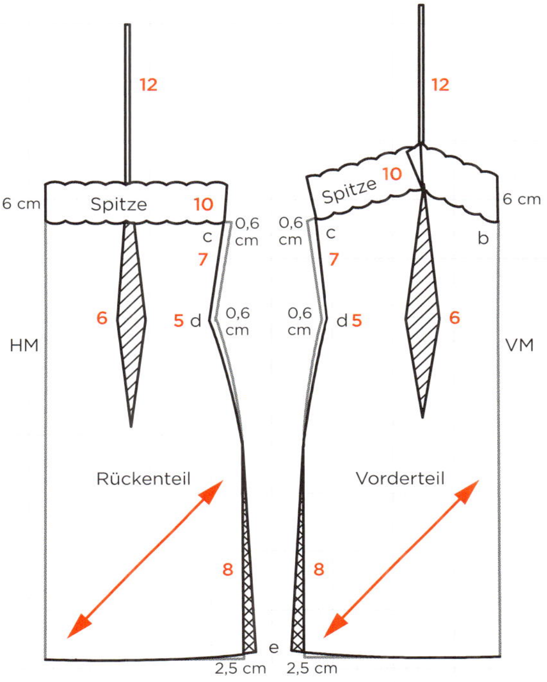

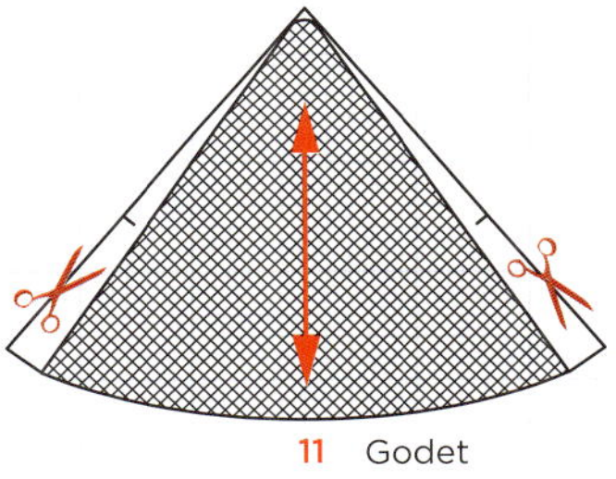

Rückenteil

9. Der Saum muss an Vorder- und Rückenteil bündig liegen. Am Rückenteil in Höhe des unteren seitlichen Schenkels des Brustabnähers (c) eine waagrechte Linie ziehen, durchschneiden und die obere Partie entfernen.

Spitzenbesatz (an Vorder- und Rückenteil)

10. Es wird 4–6 cm breites Spitzenband benötigt. Die Spitze am Brustpunkt schräg abnähen (siehe Abb. unten rechts). Dadurch wird die zuvor verworfene Abnäherformung aufgenommen. Am Rückenteil die Spitze gerade an die Oberkante ansetzen.

11. Das Spitzengodet nach der Anleitung auf Seite 48 konstruieren und in die linke Seitennaht einsetzen. Er sollte nach dem neuen, ausgestellten Schnittteil zugeschnitten werden, nicht nach dem Grundschnitt mit geraden Seitennähten.

Träger

12. Aus schmalen Stoffschläuchen anfertigen oder fertiges Band kaufen. Die Träger an der Position der vorderen und hinteren Abnäher anbringen.

Neckholder-Kleid

Zeigen Sie Schulter in diesem schräg zugeschnittenen Neckholder-Kleid. Die Mittelnaht verleiht ihm schlichte Eleganz, vor allem wenn der Stoff schön fällt (z. B. Crêpe). Besonders vorteilhaft ist der Schnitt bei kleiner Oberweite, ob leger und sommerlich oder verführerisch mit Mörder-Heels für den Abend. Dekolleté, Armausschnitt und Rücken werden mit Schrägband versäubert.

TIPP

> Beim Nähen im schrägen Fadenlauf die Nähte nicht überdehnen. Mit langen Heftstichen fixieren, damit nichts verrutscht.

1. Schulterabnäher schließen und das Schnittmuster an der Taille aufdrehen.
2. Von der Spitze des Schulterabnähers eine geschwungene Linie zum Achselpunkt ziehen (ab).
3. Gewünschte Ausschnitttiefe festlegen und an der VM markieren (d); 13 cm sind ein gutes Maß. Halsausschnitt um 13 mm erweitern (c) und einen V-Ausschnitt einzeichnen (cd).
4. Vom Brustpunkt zur VM eine Linie ziehen (ef); diese ab der VM bis 3 mm vor dem Brustpunkt einschneiden.
5. Das Oberteil von der VM wegdrehen, bis es die Taillenlinie um 2,5 cm überlappt. So entsteht Raum für die Kräuselfältchen an der VM (Brusthöhe); der Taillenabnäher wird verringert.

Oberteil hinten

6. Vom Achselpunkt eine waagrechte Linie bis 2 cm vor der HM ziehen (gh). Den hinteren Taillenabnäher bis zu dieser Linie verlängern.
7. Auf der Taillenlinie ab der HM 2,5 cm abtragen; von dort eine Linie zur oberen Ecke des Oberteils ziehen (hi).
8. Den neuen Taillenpunkt mit dem Saum an der VM verbinden (ij). Zuschneiden; Rest entfernen.
9. Äußeren Abnäherschenkel des Taillenabnähers sowie Taillenlinie ab HM bis 3 mm vor dem Taillenabnäher einschneiden. Die Partie von der HM weg aufdrehen, bis sie die Taillenlinie um 2,5 cm überlappt wie am Vorderteil. Oberkante begradigen.

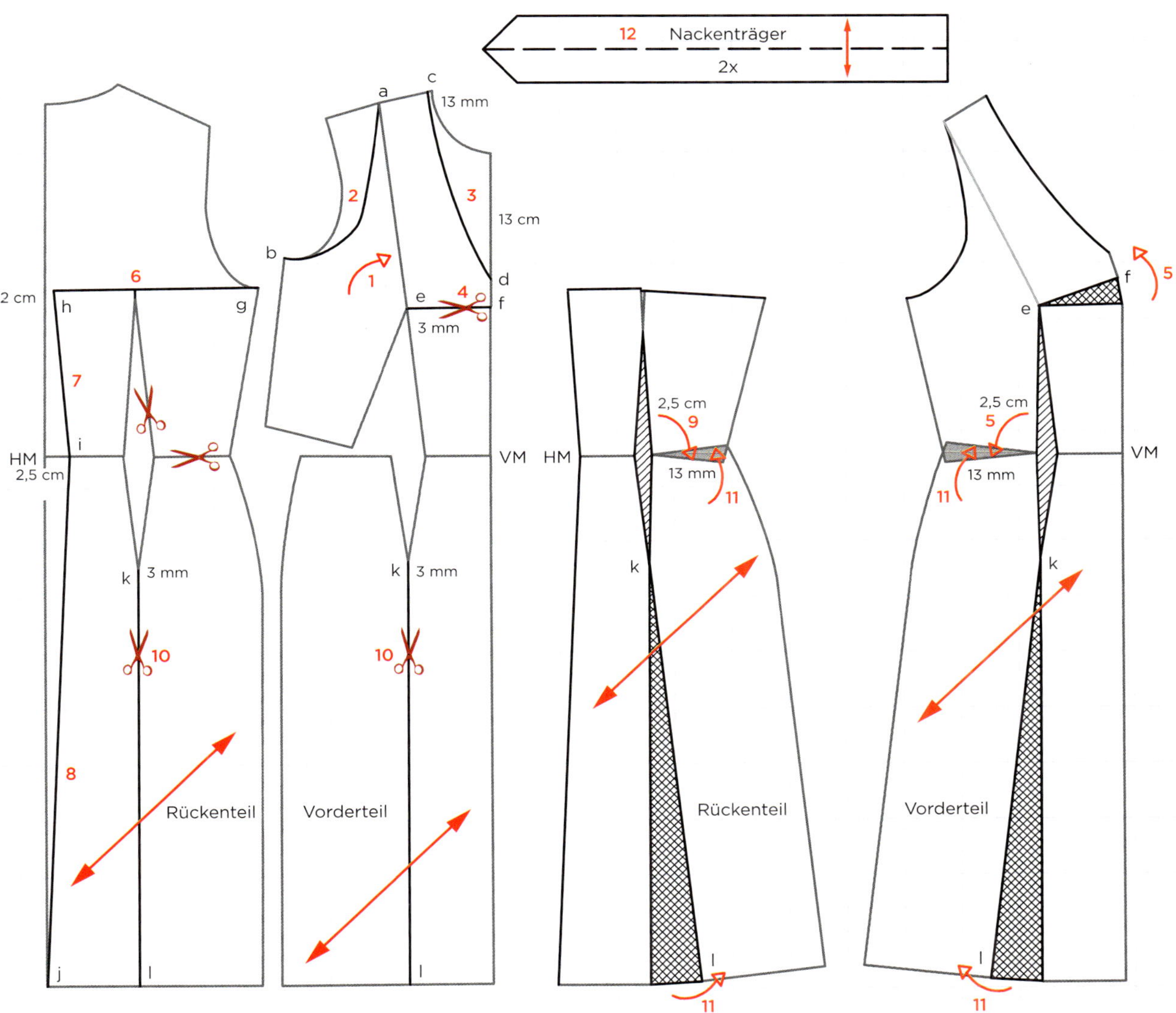

Rock (Vorder- und Rückenteil)

10. Von der Spitze des Taillenabnähers am Rock eine Linie zum Saum ziehen (kl) und bis 3 mm vor dem Abnäher einschneiden.

11. VM/HM gerade lassen, die seitlichen Rockbahnen um die Spitze des Taillenabnähers (k) aufdrehen, bis sie die Taillenlinie um 13 mm überlappen. Dadurch wird der Taillenabnäher verringert und es entsteht eine A-Linie mit einer leicht geschwungenen Seitennaht.

Nach all dem Aufdrehen kontrollieren, ob die vorderen und hinteren Seiten vom Armausschnitt bis zum Saum gleich lang sind.

Nackenträger

12. Einen Nackenträger aufzeichnen: doppelt so breit wie die Schulter (ac) und so lang, dass er im Nacken gebunden werden kann. Ein Ende spitz zulaufen lassen. 2x zuschneiden.

Ballonkleid

Von wegen 80er-Jahre – dieses Modell ist ein ganz modernes Partykleid. Das Oberteil allein wäre ein schönes Top. Am elegantesten wirkt das Kleid aus fließendem Stoff mit schönem Fall. Bei der Konstruktion den Schnitt für dünnen Stoff weiter aufdrehen, für dicken weniger. Experimentieren Sie mit der zugefügten Weite: Probieren Sie aus, vorn mehr zuzugeben als hinten.

Schnittkonstruktion

Grundschnitt: Kleid mit Abnähern.

Vorderteil

1. Den Schulterabnäher schließen und dafür den Abnäher im Halsausschnitt öffnen. So kann der Armausschnitt abgewandelt werden, da die Formung der Brustpartie verlegt wird.

Vorder- und Rückenteil:

Oberteil

2. Den Halsausschnitt an der Schulter um 2,5 cm erweitern, an VM und HM um 2,5 cm vertiefen.
3. Den Armausschnitt vertiefen:
   ▶ Vorderteil – an der neuen Halsausschnittlinie die Mitte der Partie von der Schulternaht zum Halsabnäher (ab) markieren (c). Vom Achselpunkt 13 mm nach unten abmessen (d). Die beiden Punkte durch eine unter dem Arm leicht geschwungene Linie verbinden (cd).
   ▶ Rückenteil – Die neue Halsausschnittlinie dritteln und den näher an der Schulter gelegenen Punkt markieren (c). Vom Achselpunkt 13 mm nach unten abmessen (d). Die beiden Punkte durch eine unter dem Arm leicht geschwungene Linie verbinden (cd).

Rock

4. An der Seitennaht einen Punkt in $^2/_3$ der Höhe von Taille bis Saum markieren (e).
5. Den Saum um 2,5 cm einstellen (f).
6. Einen langen Bogen vom Achselpunkt über die Seitennaht zum Saum ziehen (def).

Ballonpartie vorn

7. Von der Mitte des Halsabnähers (g) durch die Mitte des Taillenabnähers bis zum Saum eine Linie ziehen (gh). Bis 3 mm vor dem Saum einschneiden.
8. Die VM bleibt gerade; die seitliche Partie wird vom Saum aus von der VM weg aufgedreht,

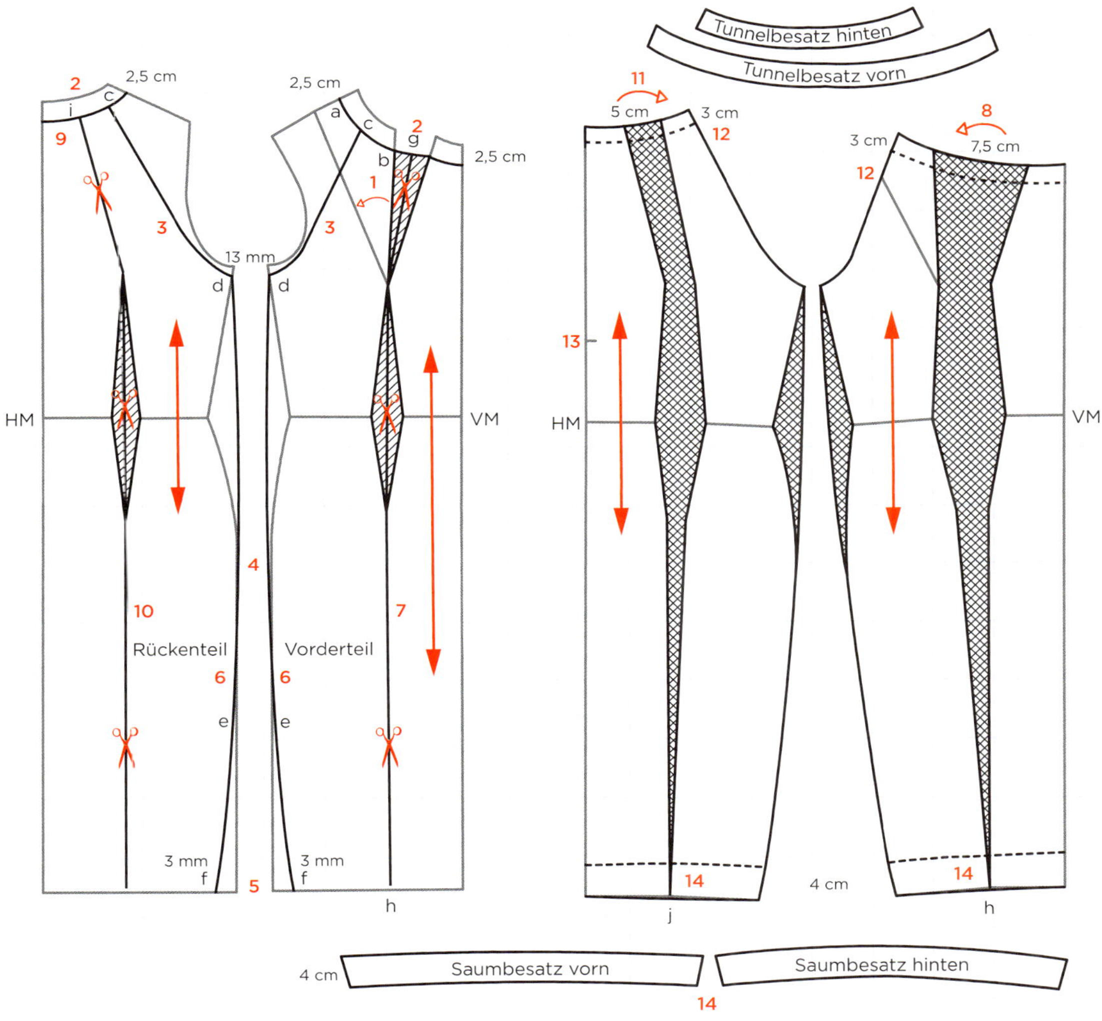

sodass am Hals eine ca. 7,5 cm breite Lücke entsteht. So erhält man zusätzliche Weite für die Kräuselung am Hals.

Ballonpartie hinten

9. Die Mitte des neuen Halsausschnitts markieren (i).
10. Von diesem Punkt eine Linie durch die Mitte des Taillenabnähers zum Saum ziehen (ij). Bis 3 mm vor dem Saum einschneiden.
11. Die HM bleibt gerade; die seitliche Partie wird vom Saum aus von der HM weg aufgedreht, sodass am Hals eine ca. 5 cm breite Lücke entsteht.

Besatz (an Vorder- und Rückenteil)

12. Die Halsausschnittlinie abrunden und einen 3 cm breiten Besatz abpausen. Dies wird ein Tunnel für das Trägerband.
13. Am Hals wird an der HM ein Schlitz zum Binden des Bandes gearbeitet. An der HM-Naht einen Knips setzen, wo der Schlitz enden soll.
14. Die Saumlinie glatt abrunden und einen 4 cm breiten Besatz zur Versäuberung abpausen.

Empirekleid

Dieses hauchzarte Modell ist zweilagig – probieren Sie Georgette oder Chiffon mit einem seidigen Futter. Ein wunderschönes Kleid für Brautjungfern, doch durch die erhöhte Taille ist es auch ideal als Umstandskleid.

Schnittkonstruktion

Grundschnitt: Kleid mit Abnähern.

Oberteil vorn: Futter

1. Festlegen, wo die Oberkante des Oberteils sitzen soll (meist 13–15 cm unter dem Halsansatz an der VM). Dieses Maß an der VM abmessen und von dort eine waagrechte Linie bis 3 mm vor dem Armausschnitt ziehen (ab).
2. Den Armausschnitt um 13 mm vertiefen und eine geschwungene Linie zur neuen Oberkante des Oberteils ziehen (bc).
3. Damit das Oberteilfutter schön anliegt, den Brustabnäher beidseits um 6–13 mm erweitern (je nach Oberweite).
4. Für die Unterkante des Oberteils unter der Brust eine Linie ziehen (de). Die Höhe der Partie kann je nach Oberweite und Brustform variieren (bei größerer Oberweite ca. 37 cm, bei kleinerer Oberweite ca. 31 cm).
5. Die Partie des vorderen Oberteilfutters (zweiteilig) abpausen (abcde).

Oberteil hinten: Futter

6. Den Armausschnitt entsprechend dem Vorderteil um 13 mm vertiefen und eine waagrechte Linie zur HM ziehen (fg).
7. Die Seitennaht des Rückenteils (fi) muss dem Vorderteil (cd) entsprechen.
8. Die Partie abpausen und den Abnäher zulegen, sodass ein Schnittteil entsteht (fghi).

Oberteil vorn

Das vordere Futter abpausen, einschneiden und aufdrehen, sodass genügend Weite zum Einkräuseln entsteht (etwa doppelte Brustweite des Schnittmusters):

9. Die Weite der mittleren vorderen Bahn auf der Brustlinie zur VM hin verdoppeln (ej).

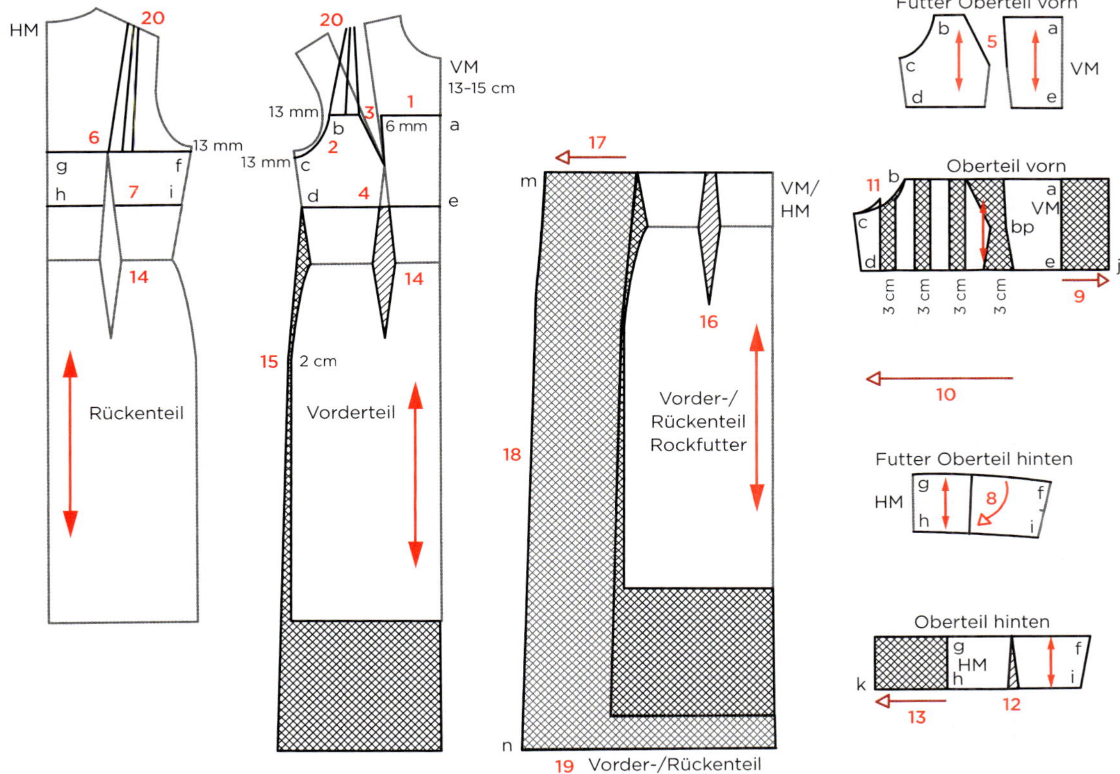

10. Die seitliche vordere Bahn in vier etwa gleiche Partien schneiden und auf Abstände von ca. 3 cm auf der Brustlinie aufdrehen.

11. Armausschnittlinie abrunden (bc).

Oberteil hinten

12. Die hinteren Futterteile unter Beibehaltung des Abnähers abpausen.

13. Von der HM bis einschließlich des Abnähers messen und dieses Maß auf der Brustlinie an die HM anfügen (hk).

Rock

Anhand des Grundschnitts für das Kleid mit Abnähern (nur Vorderteil; Vorder- und Rückenteil sind identisch) das Rockfutter konstruieren:

14. Taillenabnäher streichen.

15. Von der Unterkante des Oberteils zum Saum eine neue, leicht ausgestellte Seitennaht zeichnen (dl), ca. 2 cm außerhalb der Hüfte; die Taille wird ignoriert. 2,5–5 cm oberhalb der Länge des fertigen Kleides enden.

16. Abpausen, um das Schnittteil des Rockfutters zu erhalten.

Auf Basis des Rockfutters weiterarbeiten:

17. Von der Mitte des (entfernten) Brustabnähers bis zur Seitennaht abmessen. Dieses Maß oben an der Seitennaht anfügen (m).

18. Von diesem Punkt bis zur gewünschten Saumlänge eine Linie ziehen (mn), parallel zur A-Linie des Rockfutters.

19. Das Schnittteil des Rockes abpausen.

Träger

20. Sechs Schlauchbänder zuschneiden und ihre Position wie abgebildet markieren (für die Länge am Grundschnitt orientieren).

Maxikleid

Bequem und stilvoll zugleich ist dieses zauberhafte Modell. Damit der Wasserfalleinsatz am Rücken und die schwungvollen Godets zur Geltung kommen, am besten schweren Stretch verwenden, etwa Viskosejersey. Die asymmetrischen Bahnen kann man auch weglassen, doch man muss dafür nur eine Kurve zeichnen, die dann als Vorlage für die anderen dient. Einfach mal ausprobieren!

WASSERFALLEINSATZ

> Hier nach der „Kopftuchmethode" – als würde ein quadratisches Kopftuch diagonal gefaltet und nicht um den Hals drapiert, sondern in den hinteren V-Ausschnitt genäht.

Schnittkonstruktion

Grundschnitt: Stretchkleid ohne Abnäher, bis zum Boden verlängert.

1. Der Schnitt ist asymmetrisch, daher Vorder- und Rückenteil jeweils komplett aufzeichnen. Sie werden hier in umgekehrter Anordnung dargestellt, damit man sieht, wie die Bahnen an der Seitennaht aneinanderpassen.

Vorderteil

2. Ab etwa der Hälfte der Schulternaht einen weiten, tiefen, evtl. geschwungenen V-Ausschnitt zeichnen. An der VM vom Hals zum tiefsten Punkt des Ausschnitts messen (13–18 cm). Nicht zu großzügig bemessen – wegschneiden kann man immer noch. Eine Seite zeichnen und an der VM spiegeln (ab).

Rückenteil

3. Einen tiefen V-Ausschnitt einzeichnen (cd): an der Schulter gleich breit wie am Vorderteil; tiefster Punkt an der HM 2,5–5 cm oberhalb der Taillenlinie. Ausschnitt an der HM spiegeln.

Rock (Vorder- und Rückenteil)

4. Eine neue geschwungene Seitennaht zeichnen, die knapp unter der breitesten Stelle der Hüfte beginnt, am Knie um 2,5 cm und am bodenlangen Saum um 6,5 cm ausgestellt ist (ef). Für gleich lange Säume eine Partie aufzeichnen, die anderen Partien spiegeln. Nun entscheiden, ob der Rock glatt bleibt oder asymmetrisch geschwungene Bahnen erhält wie abgebildet.

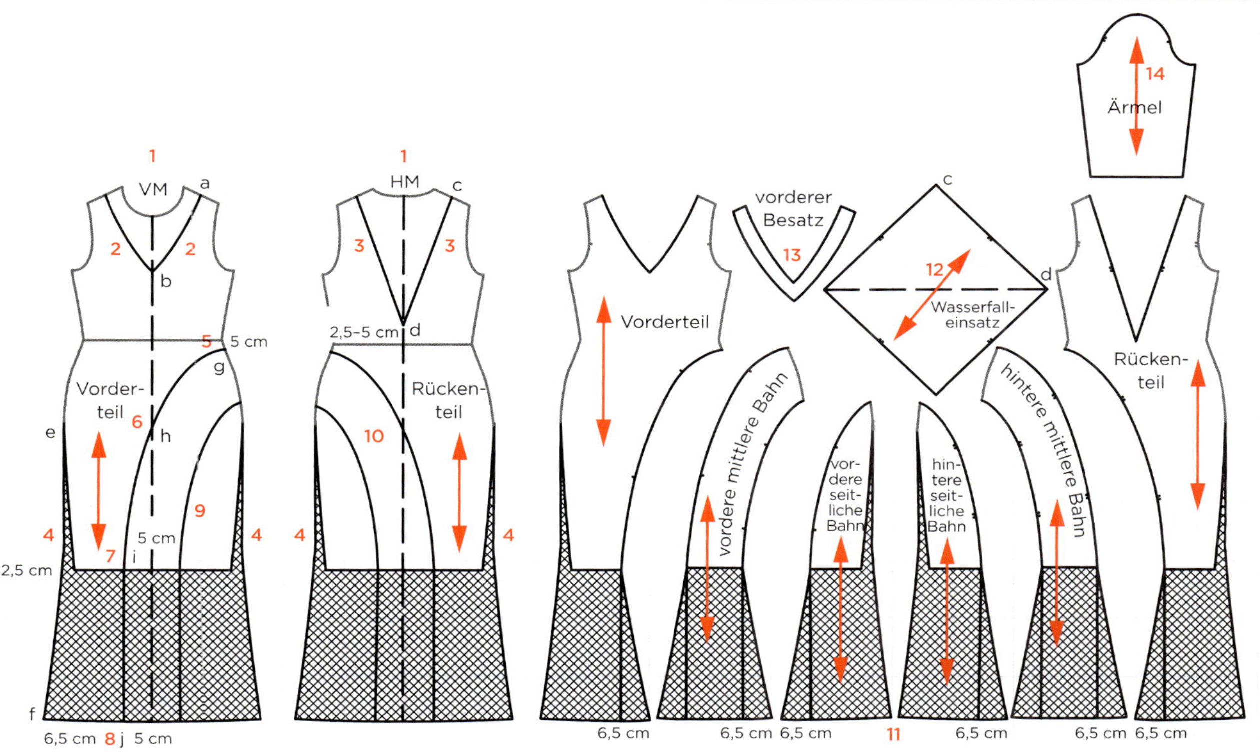

Bahnen am Vorderteil

5. 5 cm unterhalb der Taille an der linken Seitennaht einen Punkt markieren (g).
6. An der VM etwa in der Höhe, in der die neue ausgestellte Seitennaht beginnt (e), einen Punkt markieren (h).
7. Etwa 5 cm neben der VM in Kniehöhe einen Punkt markieren (i).
8. Durch alle drei Punkte eine geschwungene Linie ziehen und vom Knie bis zum Saum gerade weiterzeichnen (ghij).
9. Parallel zur ersten eine zweite Linie ziehen (Abstand zur VM an Knie und Saum geich). Damit ist die asymmetrische Bahn fertig.

Bahnen am Rückenteil

10. Die vordere Rockbahn abpausen und gespiegelt am hinteren Rockteil einzeichnen. Die Bahnen treffen sich an der Seite in Hüfthöhe.

Bahnen an Vorder- und Rückenteil

11. Die Bahnen ausschneiden und an jeder Kante ein halbes Godet vom Knie bis zum Saum anfügen (Breite wie am seitlich ausgestellten Saum: 6,5 cm). Wie zuvor eine Partie zeichnen, die übrigen abpausen oder spiegeln.

Wasserfalleinsatz hinten

12. Die Länge des hinteren V-Ausschnitts vom Halsansatz zum tiefsten Punkt abmessen (cd). Ein Quadrat zeichnen, dessen Seitenlänge dieses Maß ist. Schräg zuschneiden, für den Wasserfall waagrecht falten und beidseits am Halsansatz einfügen.

Besatz

13. Für den vorderen V-Ausschnitt einen Besatz einzeichnen und abpausen.

Ärmel

14. Grundschnitt des Dreiviertelärmels abpausen.

Abendrobe

Dieses bezaubernde Abendkleid sieht viel komplizierter aus, als es ist. Es besteht aus einer Korsage mit Trägern, einem Top aus Spitze und einem zweilagigen Rockteil. Mit einem üppigen Rock wäre es ein elegantes Ball- oder sogar Brautkleid. Spielen Sie mit den Rockformen: Mit einem Bleistiftrock aus Samt und Godets aus Spitze erhalten Sie ein glamouröses Cocktailkleid!

TIPPS

> Ist der Stoff der Korsage dünn, doppelt zuschneiden und verstürzen.

> Über- und Unterrock separat auf Taillenweite einkräuseln. Bei dünnem Stoff gibt ein breiter Saum Gewicht für einen schönen Fall.

> Am Grundschnitt des Dolman-Ärmels muss eventuell die Seiten- und Ärmelnaht verengt werden, je nach Gewicht und Dehnbarkeit der verwendeten Spitze. Nach Grundschnitt zuschneiden, heften und anprobieren. Dann eventuelle Änderungen abstecken.

> Am Rücken schließt der Reißverschluss bündig mit der Oberkante der Korsage ab. Im Spitzenoberteil vom Nacken bis Oberkante der Korsage einen Schlitz lassen, der mit Knopf und Schlinge oder Haken und Öse geschlossen wird.

Schnittkonstruktion

Grundschnitt: Kleid mit Abnähern.

Korsage (Vorderteil)

1. Festlegen, wo die Oberkante der Korsage sitzen soll. Dieses Maß ab dem Halsausschnitt an der VM abmessen (ca. 10 cm) und dort eine waagrechte Linie bis zum Brustabnäher ziehen (ab).
2. Den Brustabnäher beidseits um 6 mm erweitern, damit das Top schön eng anliegt.
3. Den Armausschnitt um 13 mm vertiefen und verkürzen. Vom Achselpunkt zum äußeren Brustabnäherschenkel eine geschwungene Linie ziehen (cd).
4. Eine neue Seitennaht vom vertieften Achselpunkt zur Taille zeichnen (de).
5. Vorderteil der Korsage in zwei Teilen abpausen.

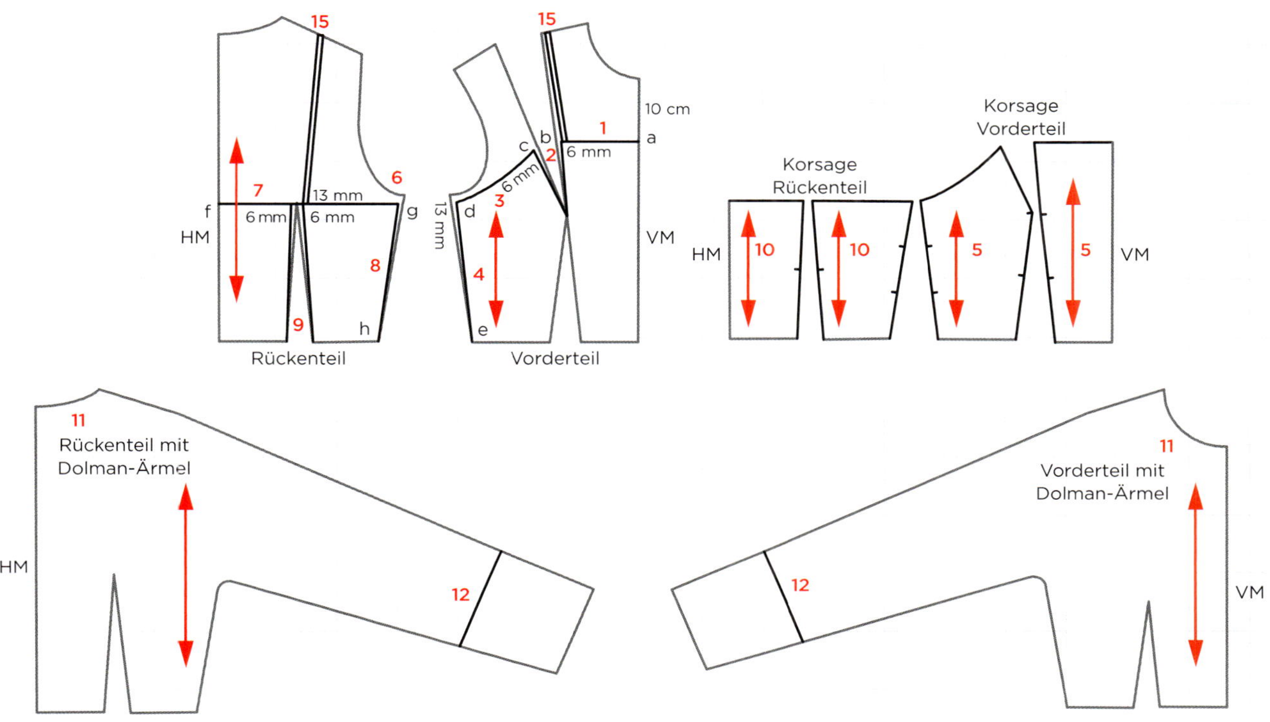

Korsage (Rückenteil)

6. Den hinteren Armausschnitt entsprechend dem vorderen um 13 mm vertiefen und verkürzen.
7. Von dort für gleiche Höhe wie am Vorderteil eine waagrechte Linie ziehen (fg).
8. Vom neuen Achselpunkt zur Taille eine engere Seitennaht einzeichnen (gh).
9. Den Rückenabnäher an der Oberkante der Korsage beidseits um 6 mm erweitern.
10. Rückenteil der Korsage in zwei Teilen abpausen.

Top aus Spitze

11. Den Grundschnitt des Dolman-Ärmels abpausen (Vorder- und Rückenteil).
12. Den Ärmel auf Dreiviertellänge kürzen.

Rock

Vorder- und Rückenteil sind identisch. Für den Rock werden zwei große Rechtecke gezeichnet:

13. Unterrock:
    - Breite = 10–15 cm breiter als die Hüftweite.
    - Länge = Taille bis fertige Rocklänge minus 5 cm.
14. Überrock:
    Der Überrock kann beliebig weit werden.
    - Breite = mindestens 1,5-fache Hüftweite.
    - Länge = gewünschte fertige Rocklänge, gemessen von der Taille bis zum Saum.

Träger

15. Zwei Schlauchbänder für die Korsage anfertigen.

Kapitel 6

Kleider – Details und Varianten

Halsausschnitte

Ein anderer Halsausschnitt verwandelt Ihr Muster in einen völlig neuen Style. Er wird mit Bleistift und Lineal ganz einfach auf das Schnittmuster gezeichnet. Hinten können Sie ihn genauso variieren wie vorn und es muss nicht einmal die gleiche Form sein. Nur die Schulternähte müssen aufeinanderpassen. Solange es kein asymmetrisches Design ist, einfach eine Hälfte des Ausschnitts von der Schulter bis zur Mitte anzeichnen und auf die andere Seite spiegeln.

Hier ein paar Anregungen

Rundhalsausschnitt

Ein Kleid mit tiefem Rundhalsausschnitt wirkt sommerlich und sexy. Spielen Sie mit Tiefe und Weite bis zum gewünschten Effekt.

TIPP: RUNDHALSAUSSCHNITT

Der Rundhalsausschnitt klafft manchmal auf. Das lässt sich mit einem Abnäher vom Brustpunkt zur Halslinie korrigieren (siehe Punkt 4 Wickelkleid, S. 98).

U-Boot-Ausschnitt

Zeigen Sie Schlüsselbein mit einem U-Boot-Ausschnitt. Besonders schmeichelhaft für Frauen mit breiten Schultern, bei voller Brust lieber meiden.

TIPP: U-BOOT-AUSSCHNITT

Damit die BH-Träger nicht rausschauen, Abstand zwischen den Trägern messen und Weite des „U-Boots“ danach ausrichten.

V-Ausschnitt

Ähnlich wie der Rundhalsausschnitt, nur spitz auslaufend. Er ist hinten so reizvoll wie vorn. Experimentieren Sie mit den Proportionen – wie tief wollen Sie gehen? Ein V-Ausschnitt schmeichelt bei größerer Oberweite.

TIPP: V-AUSSCHNITT

Auch ein tiefer V-Ausschnitt klafft manchmal auf. Straffen lässt er sich mit einer Stütznaht oder mit einem Abnäher vom Brustpunkt zur Halslinie. Leicht geschwungene Linien sind schmeichelhafter als gerade.

Eckiger Ausschnitt

Er ist elegant und sommerlich und eignet sich perfekt, um eine schöne Ziernaht zur Geltung zu bringen. Knöpfe an den Schultern verleihen ihm einen frischen, maritimen Look.

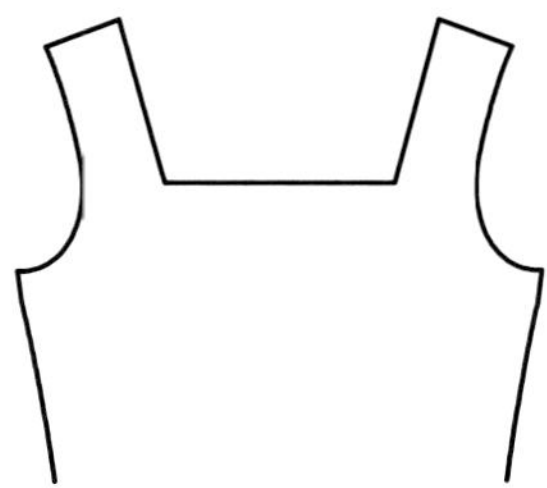

TIPP: ECKIGER AUSSCHNITT

Prüfen Sie die Position der Ecken, damit der BH nicht herausschaut.

Herzförmiger Ausschnitt

Ganz im Vintagestyle. Er kann brav oder verführerisch geschnitten werden. Setzen Sie Strass-Steinchen in die Ecken oder verzieren Sie ihn mit Spitzenbordüre oder einer Paspel.

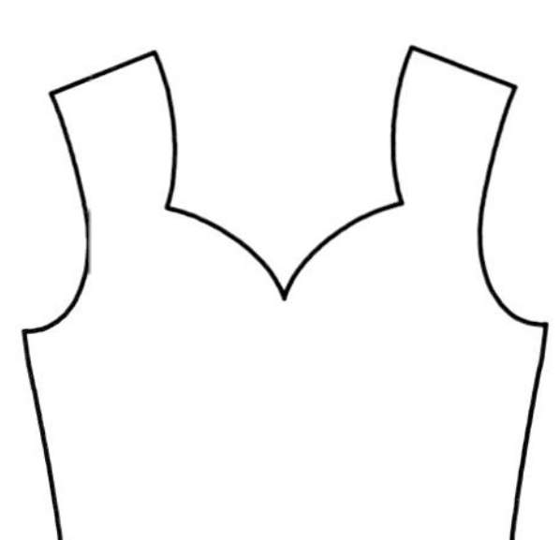

TIPP: HERZFÖRMIGER AUSSCHNITT

Versehen Sie ihn mit einem Besatz, damit er eine schöne Kontur erhält.

Asymmetrischer Ausschnitt

Verwandelt Klassiker in ausgefallene Einzelstücke. Spitzen Sie den Bleistift und zeichnen Sie im Freistil.

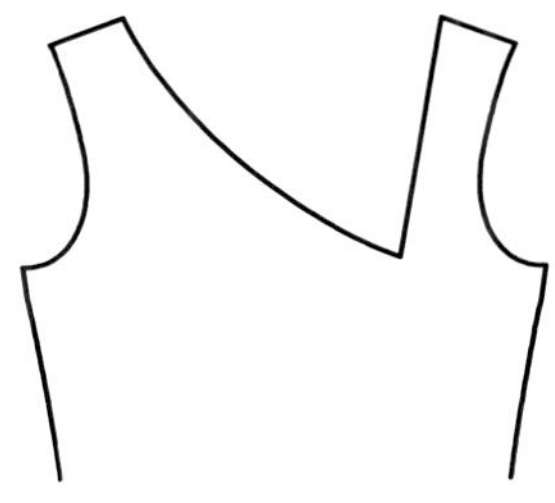

TIPP: ASYMMETRISCHER AUSSCHNITT

Hier ist ein Besatz sinnvoll – oder Sie betonen Ihren Ausschnitt mit einer unversäuberten Kante.

Kragen

Die folgenden Anleitungen zeigen, wie Sie die Kragenformen aus den Download-Schnittmustern abwandeln können.

Der Stehkragen in der Variation als Rollkragen

Beim Stehkragen-Grundschnitt auf Seite 30 sind Hals- und Kragenkante gerundet, um sich der Halsform anzupassen. Der Rollkragen braucht eine gerade Kragenkante, denn er wird umgeschlagen. Wenn Sie keine Maschenware verwenden, schneiden Sie den Kragen im schrägen Fadenlauf zu.

TIPP

Bei festen Stoffen muss der Kragen weit genug sein, damit der Kopf durchpasst!

Grundschnitt: Stehkragen (S. 30):

1. Die Halsweite messen – ein etwas weiterer Halsausschnitt wirkt lockerer.
2. Ein Rechteck zeichnen, lange Seiten entsprechend der Halsweite. Gewünschte Rollkragenhöhe messen und verdoppeln.
3. Markierungen für die Schulternähte anbringen.

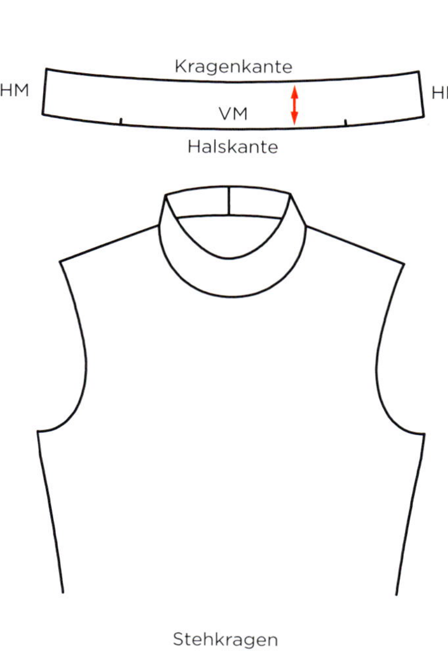

Stehkragen

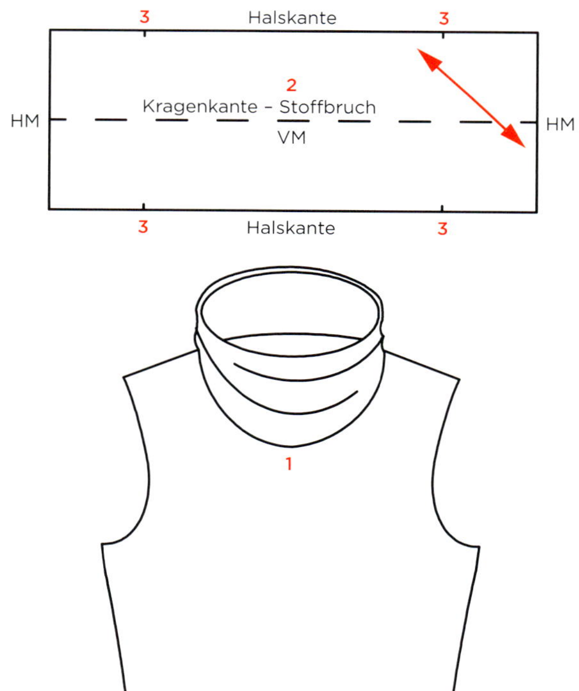

Rollkragen

Vom Hemdkragen zum Muschelkragen

Der Kragen hat zwei Kanten mit ganz unterschiedlichen Funktionen. Während die Halslinie mit der Länge des Halsausschnitts übereinstimmen muss, kann die äußere Kragenkante nach Belieben gestaltet werden. Ein Muschelkragen verleiht einem neutralen Hemdkleid einen femininen Touch. Wer die Kurven nicht frei Hand zeichnen möchte, fertigt sich eine Schablone.

Grundschnitt: Hemdkragen (S. 29):

1. Die Kragenkante in eine Muschelkante umzeichnen.

TIPP

Nahtzugabe dicht an der Muschelkantennaht zurückschneiden und die Rundungen einkerben, damit sich der Kragen sauber wenden lässt.

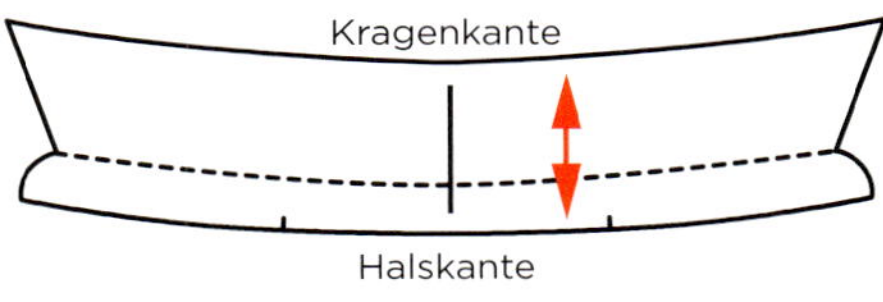

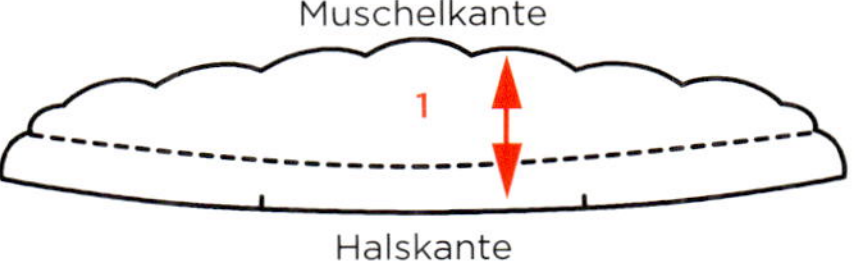

Hemdkragen

Variante mit Muschelkragen

Vom Volantkragen zum schulterfreien Kragen

Steckt eine Señorita in Ihnen, dann verwandeln Sie den Volantkragen in einen verführerischen schulterfreien Kragen.

Grundschnitte: Oberteil (S. 24) und Volantkragen (S. 30):

1. Das abgebildete Schnittmuster zeigt das Kleid mit Abnähern mit geschlossenem Schulterabnäher und offener Taille, doch das Stretchkleid eignet sich genauso. Weiten V-Ausschnitt auf Vorder- und Rückenteil zeichnen, von 13 mm oberhalb des Schulterpunkts bis 10–13 cm unterhalb des Halsausschnitts auf der VM bzw. HM (ab, cd).
2. Umfang des neuen Halsausschnitts von VM nach HM messen (ab + cd).
3. Grundschnitt für Volantkragen übertragen, in drei (oder mehr) Abschnitte zerteilen und öffnen, bis die Halslinie der in Schritt 2 gemessenen Länge entspricht.

TIPP

Sie wollen mehr Volumen? Schneiden Sie den Kragen zweimal zu – den oberen etwas schmaler für gestufte Rüschen.

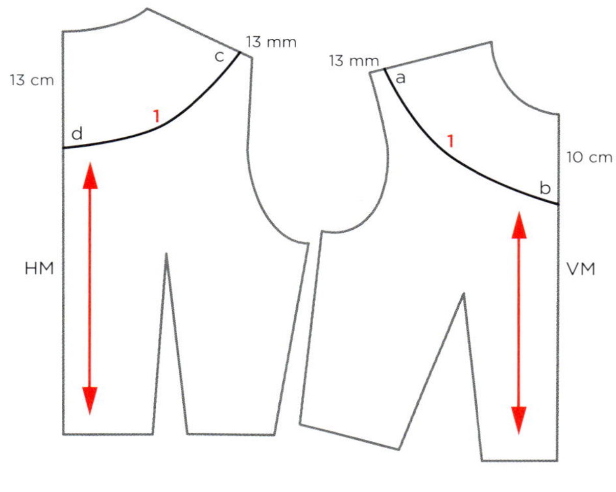

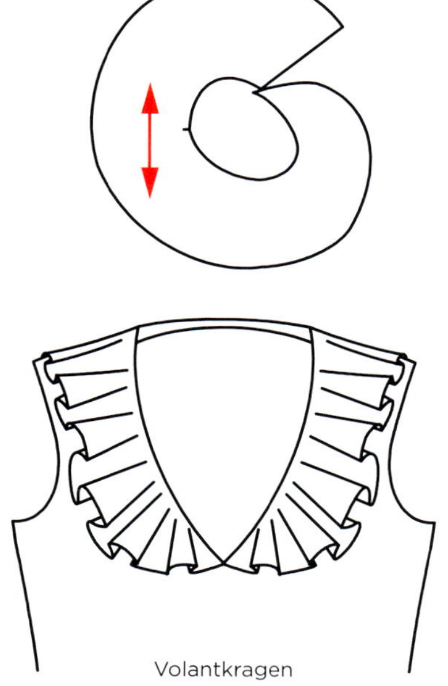

Volantkragen

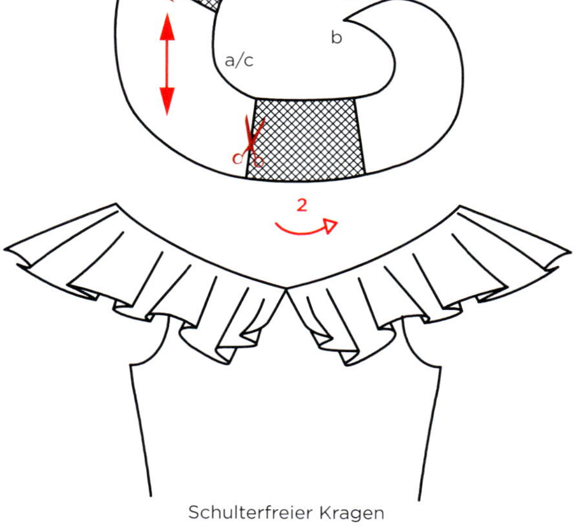

Schulterfreier Kragen

Vom Bubikragen zum Matrosenkragen

Der Matrosenkragen liegt wie der Bubikragen flach auf den Schultern.

Grundschnitte: Vorder- und Rückenteil des Kleides mit Abnähern (S. 24, hier muss der vordere Schulterabnäher geschlossen werden) oder Stretchkleid (S. 26), Bubikragen (S. 29).

1. V-Ausschnitt auf das Vorderteil zeichnen (siehe S. 120).
2. Vorder- und Rückenteil am Halspunkt zusammenfügen und gegeneinander drehen, bis sie sich um ca. 2,5 cm am Schulterpunkt überschneiden. Je weiter sie sich überschneiden, desto stärker rollt sich der Kragen an der Halskante ein.

> TIPP
>
> Unterkragen an der Kragenkante etwas schmaler schneiden, damit die Naht auf die Unterseite rutscht.

3. Im rechten Winkel zur HM eine Linie (ab) zum Armausschnitt des Rückenteils zeichnen.
4. Im rechten Winkel zu Linie ab eine Linie zur VM ziehen, die 2,5 cm vor der Spitze des V-Ausschnitts auf der VM endet (bc).
5. Ende des Kragens zu einer Trapezform verlängern, die sich binden lässt.
6. Übertragen, an HM spiegeln und doppelt zuschneiden.

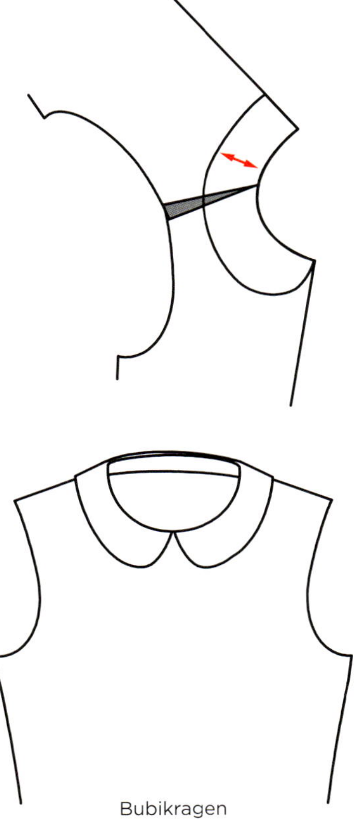

Bubikragen

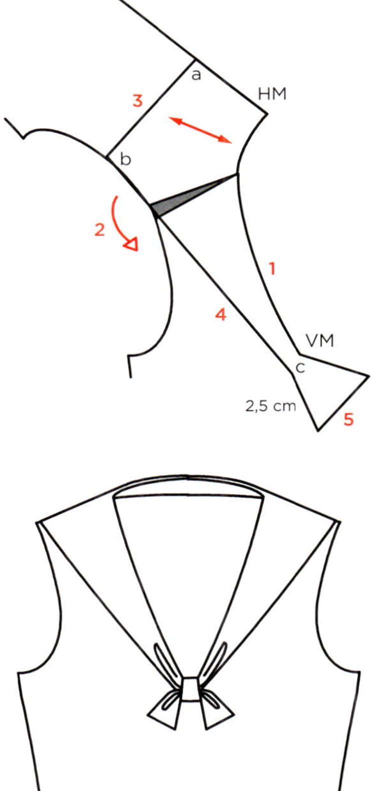

Matrosenkragen

Ärmel

Vom Dolman-Ärmel zum Fledermausärmel

Verleihen Sie Ihrem Kleid einen dramatischen Touch durch Fledermausärmel. Aus weichen, fließenden Stoffen wie Jersey oder Seide fallen sie in eleganten Falten, aus Brokat oder festen Wollstoffen ergeben sie interessante skulpturale Formen.

Grundschnitt: Dolman-Ärmel (S. 28).

1. Auf Vorder- und Rückenteil jeweils eine Linie vom Halspunkt zur Achsel ziehen, das Schnittmuster an dieser Linie bis auf 3 mm vor dem Halspunkt einschneiden.

> TIPP
>
> Experimentieren Sie mit dem Winkel. Den größten Effekt erzielen Sie, wenn der Ärmel fast vertikal steht.

2. Ärmel weg von der VM/HM aufdrehen – je weiter Sie aufdrehen, desto größer die Flügel.
3. Neue Unterarmnaht von der Taille bis zum Ärmelsaum zeichnen.

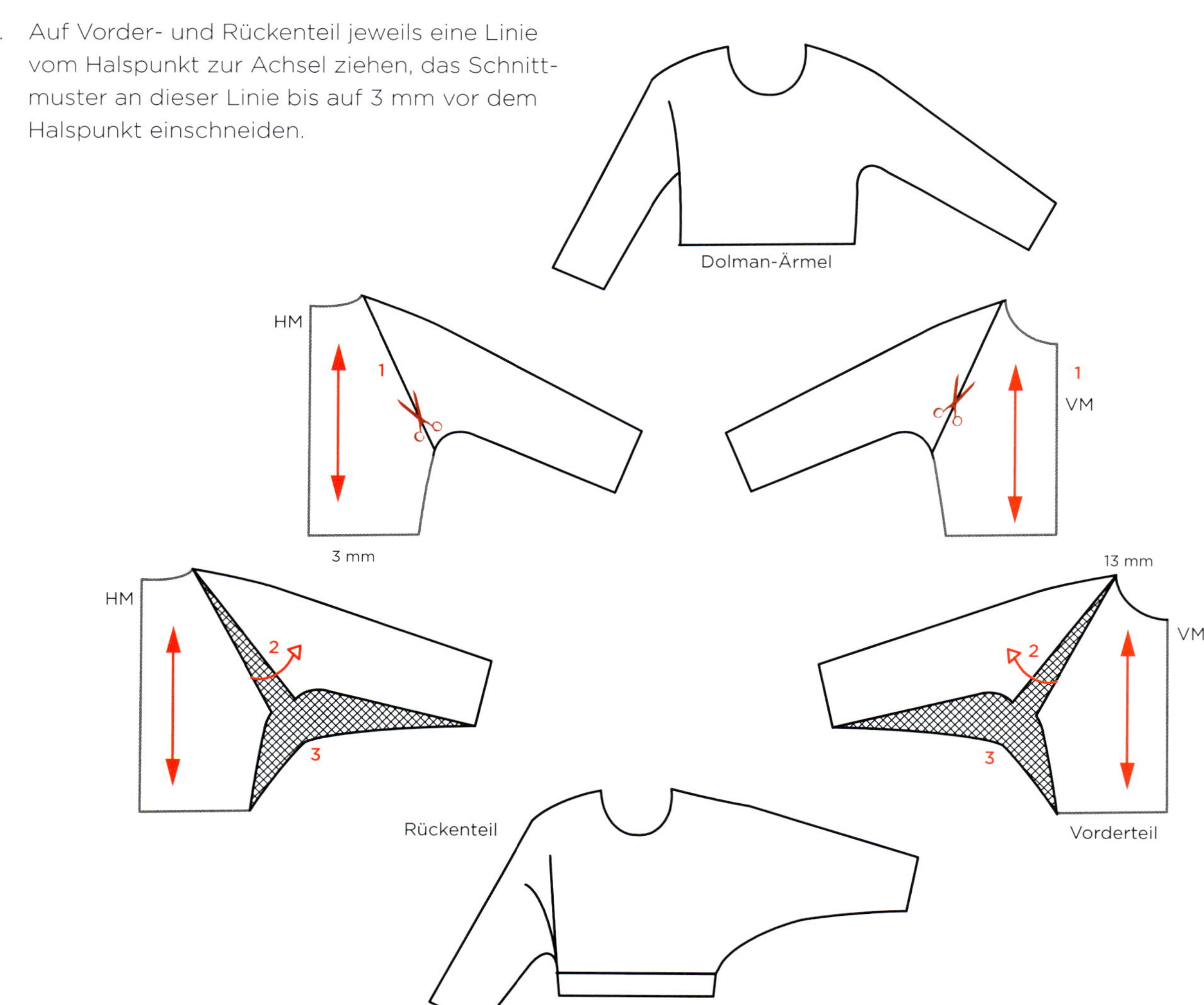

Raglanärmel mit Raffung

Durch einfaches Auffächern des Schnittmusters lässt sich der Raglanärmel in einen gerafften Ärmel umgestalten. Besonders wirkungsvoll schimmert das Licht in gerafften Ärmeln aus glänzendem Satin.

Grundschnitt: Raglanärmel (S. 28):

1. Linie (ab) von der Spitze des Schulterabnähers zum Ärmelsaum ziehen und Ärmel in zwei Teile schneiden.
2. Beide Teile in ca. acht gleich große Abschnitte unterteilen und entlang der Linien von der Mitte bis 3 mm vor der Unterarmnaht einschneiden.

TIPP

Es gibt drei Arten zu raffen:

> Durch einen Stofftunnel an der oberen Ärmelnaht, durch den man ein Gummiband oder eine Kordel zieht.

> Indem man ein gedehntes, 6 mm breites Gummiband in die obere Ärmelnaht einnäht.

> Mit der Raffmethode, die für den Stufenrock auf Seite 64 erklärt wird.

3. Die einzelnen Abschnitte vom Ärmelsaum weg aufdrehen, bis die Mittelnaht etwa die doppelte Länge erreicht.

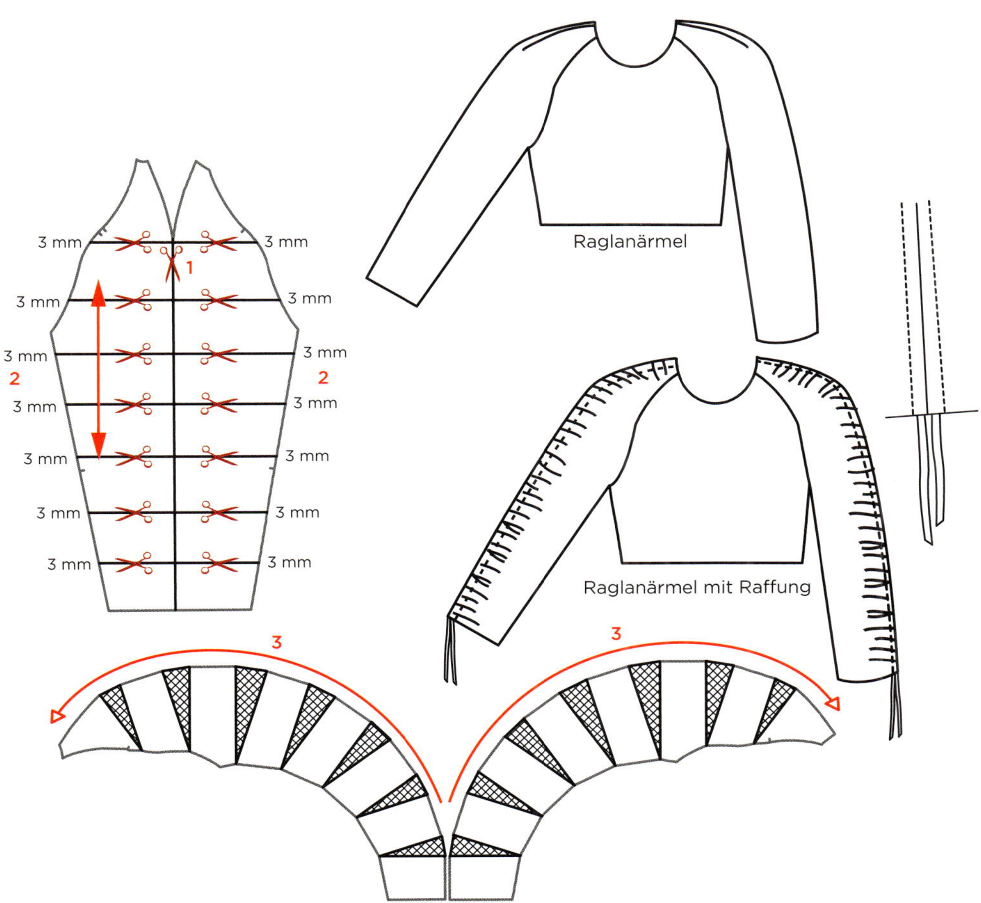

Langer Ärmel mit Volantabschluss

Ein Volantärmel ist romantisch und verspielt – solange er nicht in die Suppe hängt. Wieder wird das Schnittmuster eingeschnitten und aufgedreht – je weiter, desto üppiger der Volant.

Grundschnitt: Eingesetzter Ärmel (S. 27).

1. Gewünschte Ansatzhöhe für Volant anzeichnen. Manschette abschneiden.
2. Manschette in etwa fünf gleiche Abschnitte teilen und vom Manschettensaum bis 3 mm vor der Manschettennaht einschneiden.
3. Die einzelnen Abschnitte aufdrehen, um den Manschettensaum auf das gewünschte Volumen zu weiten. An der Seitennaht zugeben für zusätzliche Fülle (Beispiel 1). Für weniger Fülle (Beispiel 2) nicht so weit aufdrehen.

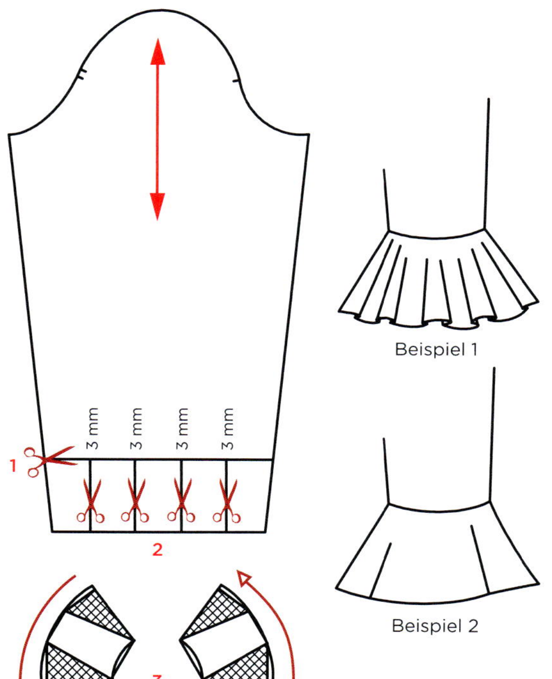

Beispiel 1

Beispiel 2

TIPP: VOLANTÄRMEL

Volant doppelt zuschneiden und verstürzen für einen sauberen Saum. Ein Futter aus anderem Stoff oder in einer anderen Farbe betont den Volant.

Langer Ärmel mit Manschette

Die Manschette ist ein klassischer Abschluss für einen langen Ärmel und macht sich gut am Hemdblusenkleid (S. 88). Variieren Sie Stoffe und Knöpfe, z. B. zartes Chiffon mit einem Strassknopf oder Baumwolle mit einem Knopf in Kontrastfarbe.

Grundschnitt: Eingesetzter Ärmel (S. 27, siehe auch Abb. S. 129 oben)

1. Rechteck für die Manschette zeichnen:

   Länge = Handgelenksweite + 2,5 cm Bequemlichkeitszugabe + 2,5 cm Untertritt.

   Höhe: gewünschte Breite der Manschette x 2.
2. Ärmel um Breite der Manschette minus 2,5 cm kürzen (Schnittmuster hat doppelte Breite!).
3. Gekürzten Ärmel am Saum um 2,5 cm ausstellen, Nahtlinie neu Richtung Armausschnitt zeichnen.
4. Ärmelschlitz einfügen, in einer Linie mit den Einsetzzeichen für den hinteren Armausschnitt.
5. Falten anzeichnen, sodass die Knopflochseite der Manschette am Schlitz bündig, auf der Knopfseite mit Untertritt abschließt. Eine Falte hinten legen, die restlichen vorn.

TIPP: MANSCHETTE

Die Öffnung der Manschette liegt auf dem Schlitz, nicht auf der Unterarmnaht (ab-ab).

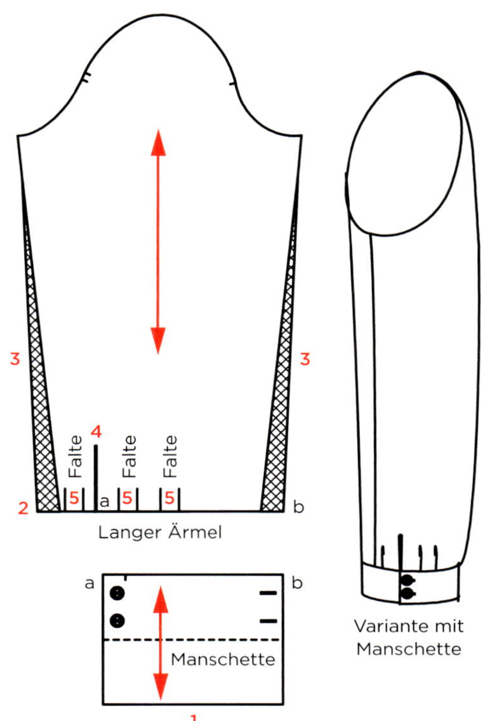

Vom Dreiviertelärmel zum Kimonoärmel

Kimonoärmel sind weit – ideal für coole Sommerabendkleider, gemütliche Winterstrickkleider oder Nachtwäsche. Hübsch auch am Hauskleid von Seite 104.

Grundschnitte: Kleid mit Abnähern (S. 24, nur Rückenteil), Dreiviertelärmel (S. 27).

1. 5 cm hinter dem Unterarmpunkt eine Linie parallel zur VM/HM zeichnen, die 13 mm über dem Schulterpunkt endet.
2. Ende der Linie aus Schritt 1 mit Halspunkt verbinden.
3. Rechteck in gewünschter Länge und Breite für den Kimonoärmel zeichnen, der Stoffbruch verläuft an der Oberkante.

Nur Vorderteil:

4. Taillenabnäher kürzen, wenn er verwendet werden soll.
5. Optional für ein Wickeloberteil: Diagonale Linie vom Halspunkt zum gegenüberliegenden Taillenabnäher ziehen.

TIPP: KIMONOÄRMEL

Mit Kontrastband oder einem breiten Saum abschließen.

Kimonoärmel

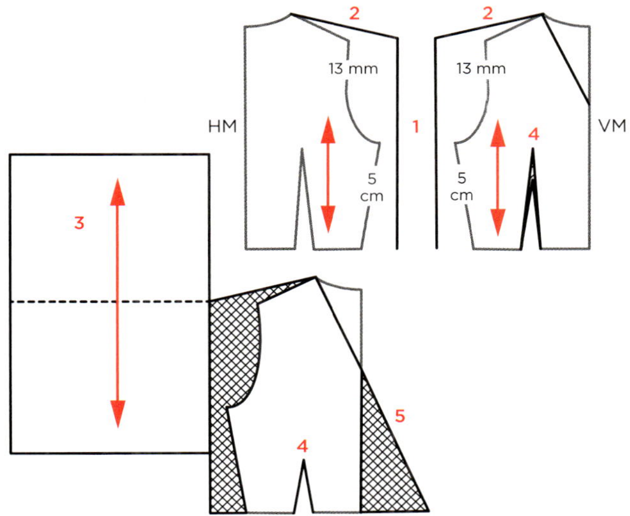

Vom Dreiviertelärmel zum geschlitzten Ärmel

Sommer- oder Abendkleider wirken toll mit geschlitzten Ärmeln. Knöpfe und Schlaufen am Ärmelsaum setzen zusätzlich Akzente.

Grundschnitt: Dreiviertelärmel (S. 27):

1. Ärmel in der Mitte durch eine Linie teilen und in zwei Teile schneiden.
2. Auf beiden Seiten der Mittelnaht Besatz zugeben.
3. Gewünschte Schlitzlänge auf der Umbruchlinie anzeichnen.
4. Saumkante an der Mittelnaht abschrägen.

TIPP

Schlitzbesatz mit Zierstich fixieren.

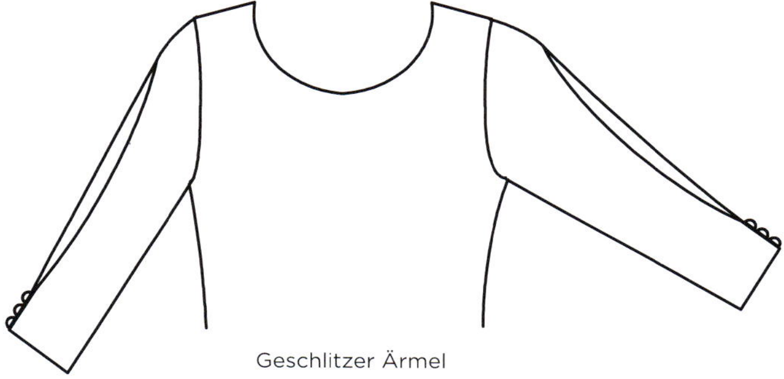

Geschlitzer Ärmel

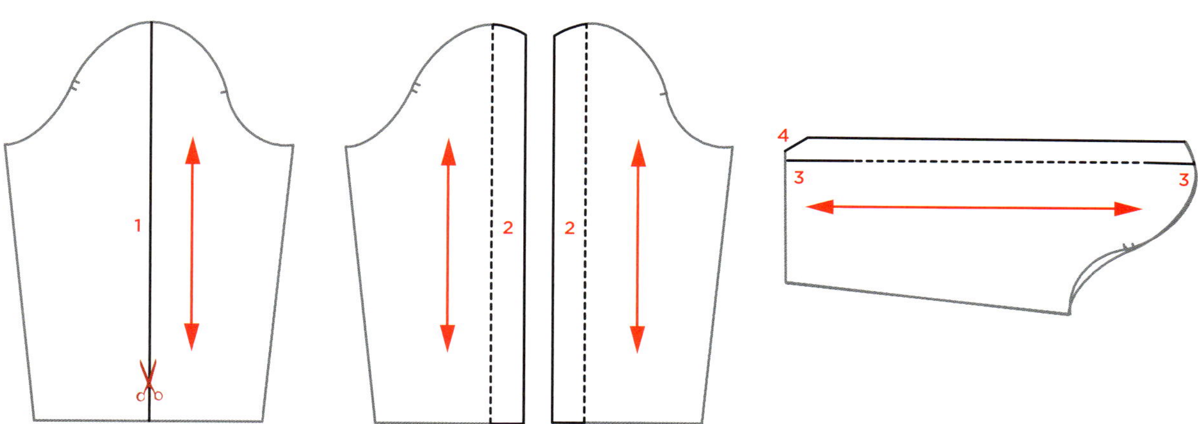

Vom kurzen Ärmel zum Glockenärmel

Oben gerade, ausgestellt am Saum, der Glockenärmel ist luftig und schmeichelhaft und bedeckt die Arme, ohne zu wärmen. Er ist hübsch als kurzer Flügelärmel oder ellbogenlang in Glockenform.

Grundschnitt: Kurzer Ärmel (S. 27).

1. Den Ärmel vom Schulterpunkt aus in fünf Abschnitte unterteilen, die Seiten etwas breiter als den Rest.
2. Den Grundschnitt entlang der Linien vom Saum bis 3 mm vor dem Schulterpunkt einschneiden.
3. Abschnitte bis zur gewünschten Weite des Glockenärmels aufdrehen. Je weiter man aufdreht, desto voller der Effekt.

> TIPP
>
> Ärmel in gleicher Farbe aber aus einem anderen Stoff nähen, z. B. Ärmel aus Chiffon an einem Seidenkleid.

4. Beim Aufdrehen senkt sich der Schulterpunkt. Rundung zwischen den Einsetzzeichen korrigieren.
5. Die Saumkurve runden.

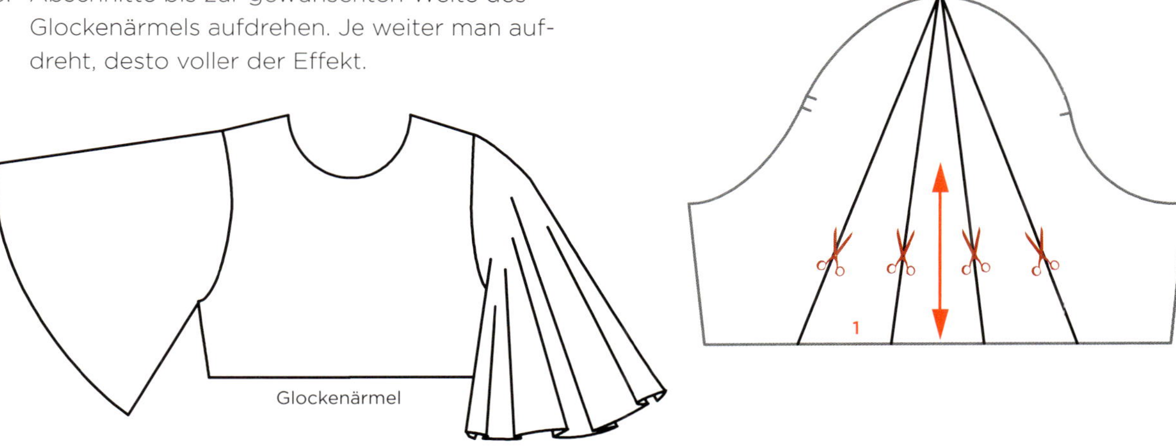

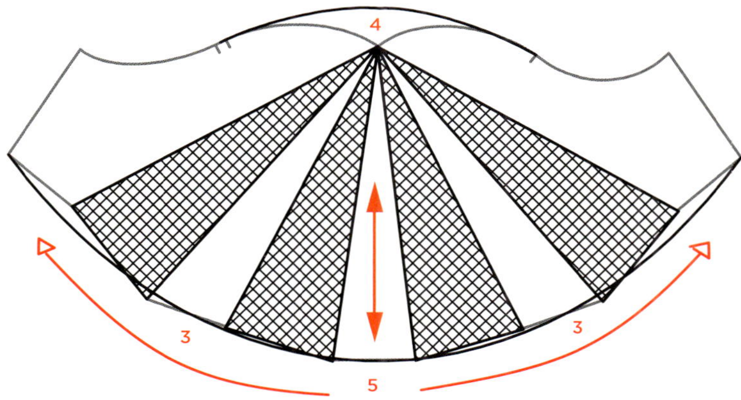

Vom kurzen Ärmel zum Keulenärmel

Die Falten erhöhen und akzentuieren die Schulter. Diese Variante funktioniert am besten mit festen Stoffen wie Baumwolle, Leinen, Brokat oder Taft.

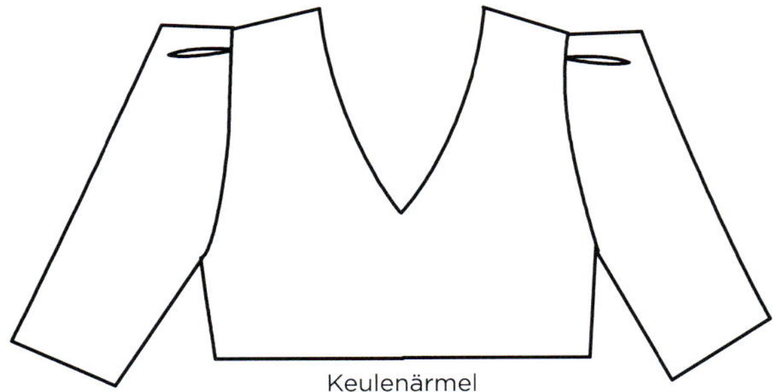

Keulenärmel

TIPP

Für mehr Struktur können Schulterpolster mit geradem Abschluss eingesetzt werden.

Grundschnitt: Kurzer Ärmel (S. 27).

1. Linie über die Armkugel ziehen, kurz über den Einsetzzeichen. Obere Armkugel in drei gleich große Keile teilen (a, b, c).
2. Oberen Keil (a) ganz herausschneiden, die beiden Seitenkeile von der Spitze bis 3 mm vor den Rand der Armkugel einschneiden.
3. Seitenkeile (b, c) mit den Spitzen um ca. 5 cm aufdrehen. Den oberen Keil dazwischenlegen, sodass die Abstände der Keilspitzen gleich sind.
4. Die Lücken in der Armkugel als Falten mit „Dächern" anzeichnen wie Abnäher.

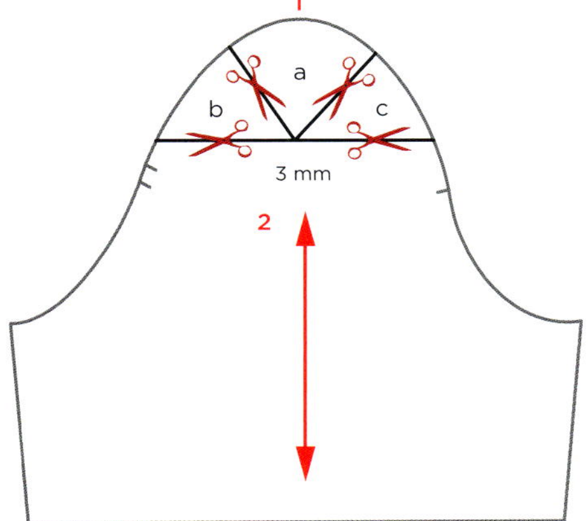

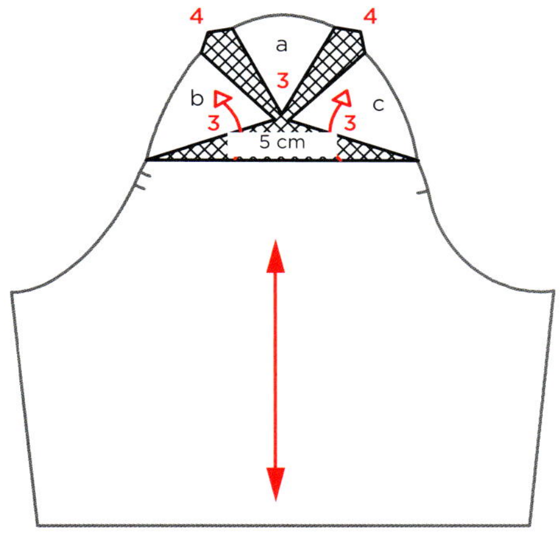

Vom kurzen Ärmel zum Puffärmel

Puffärmel sind auch was für große Mädchen: Aus Samt oder Seidensatin verstrahlen sie den Glamour der 40er-Jahre, aus Lochstickerei einen Trachtenlook.

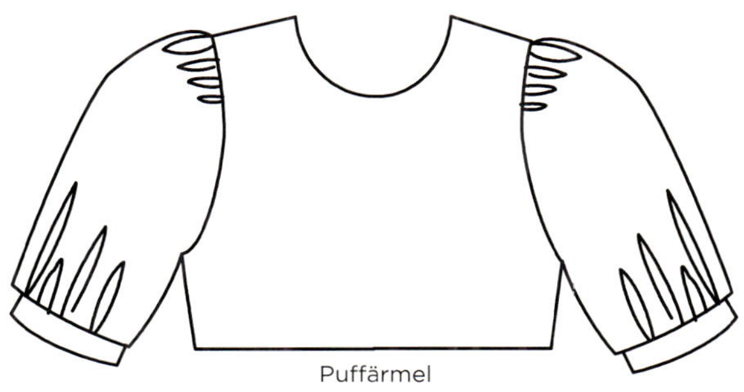

Puffärmel

TIPPS

> Armkugel im Verhältnis zur zugefügten Breite heben oder senken.

> Für mehr Volumen festen Tüll in die Armkugel nähen.

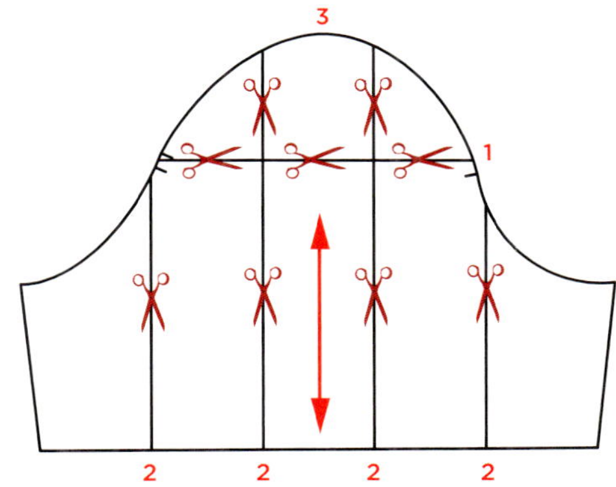

Grundschnitt: Kurzer Ärmel (S. 27):

1. Eine waagrechte Linie auf Höhe der Einsetzzeichen über die Armkugel ziehen.
2. Den Ärmel vertikal in fünf Abschnitte unterteilen.
3. Den Grundschnitt entlang aller Linien zerschneiden.
4. Die Abschnitte in einem gleichmäßigen Abstand von ca. 2,5 cm öffnen oder weiter, wenn sich der Ärmel noch mehr bauschen soll.
5. Die Rundung der Armkugel glätten.
6. Einen Bund zeichnen: so lang wie der Armumfang plus 2,5 cm Bequemlichkeitszugabe, doppelt so breit wie der fertige Bund mit Stoffbruch in der Mitte. Ärmel zwischen den Einsetzzeichen der Armkugel und am Saum raffen.

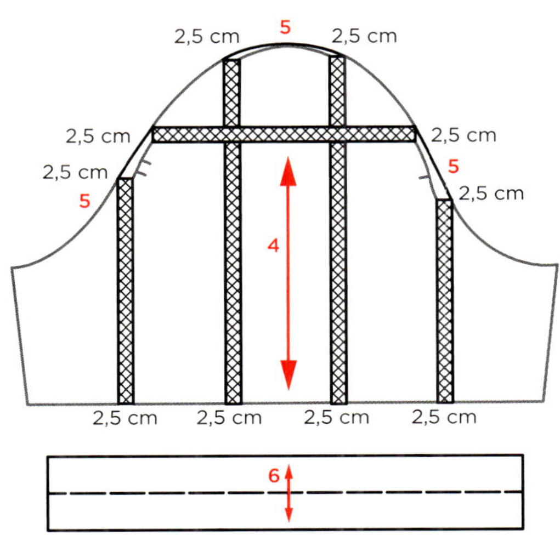

Kapitel 7

Passform-korrektur

Hilfe bei Passformproblemen

Jeder Körper ist anders geformt, sollten Ihre Rundungen also ein wenig von der Norm abweichen, keine Sorge – passen Sie den Schnitt einfach an. Im Prinzip sollten alle Schnittmuster, die Sie mithilfe Ihrer perfekten Schnittschablone entwerfen, diese Abweichungen bereits enthalten und sitzen. Doch je nach Design, Stoff und Sachkenntnis bei der Mustererstellung muss eben manchmal nachgebessert werden. Schlüpfen Sie in Ihr Probestück und bewaffnen Sie sich mit Maßband, Bleistift, Stecknadeln und einem Spiegel. Auch hier ist eine Hilfsperson zum Messen von Nutzen.

Schmiegt sich der Ausschnitt glatt um den Hals?

Halsausschnitt zu eng

1. Vorder- und Rückenteil am Halspunkt zusammenfügen (siehe rechts).
2. Neuen Halsausschnitt zeichnen, beginnend am ursprünglichen Punkt auf der HM (wichtig, sonst fällt der Halsausschnitt nach hinten) durch die Schulternaht bis zur VM.

TIPP

In kleinen Schritten zurechtschneiden, bis das Ergebnis stimmt.

Halsausschnitt zu weit

1. Eine Linie vom ersten Drittel des Halsausschnitts (von VM aus) zum Brustpunkt ziehen (siehe unten).
2. Vorderteil entlang dieser Linie bis 3 mm vor dem Brustpunkt einschneiden.
3. Den Halsausschnitt eindrehen und überlappen, bis er sitzt.
4. Den Halsausschnitt runden.

TIPP

Sehr nützlich bei tiefen Halsausschnitten, die gerne klaffen – siehe Wickelkleid auf Seite 98.

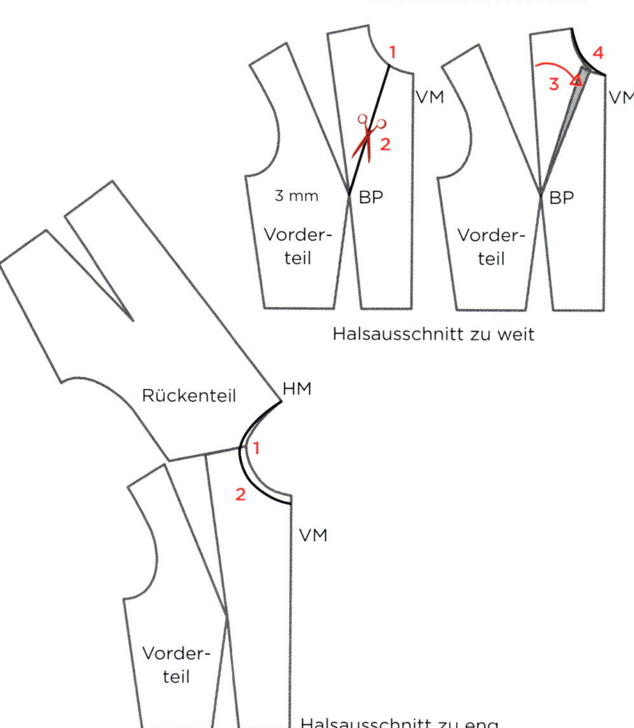

Halsausschnitt zu weit

Halsausschnitt zu eng

Passen die Schulternähte zur Länge Ihrer Schultern und liegen sie flach an?

Schulternaht sitzt falsch (zu weit vorn/hinten/ im falschen Winkel)

1. Schulterabnäher schließen und Taille öffnen.
2. Vorder- und Rückenteil entlang der Schulternaht zusammenfügen.
3. Schulterlinie in gewünschter neuer Position anzeichnen, Vorder- und Rückenteil entlang der neuen Schulterlinie teilen.

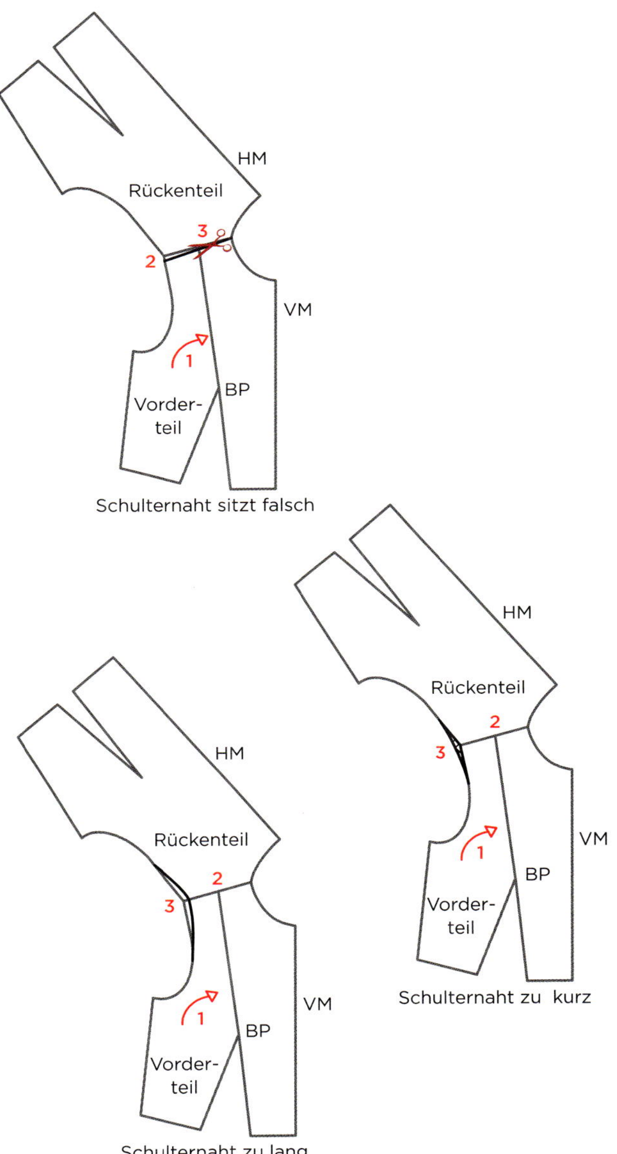

Schulternaht sitzt falsch

TIPP

Schulterabnäher nur während der Anpassung schließen. Danach wieder in die ursprüngliche Position des Schnittmusters drehen.

Schulternaht zu kurz

Schulternaht zu lang

Schulternaht zu kurz

1. Schulterabnäher schließen und Taille öffnen.
2. Vorder- und Rückenteil entlang der Schulternaht zusammenlegen.
3. Schulternaht auf gewünschte Länge verlängern und Armausschnitt runden.

Schulternaht zu lang

1. Schulterabnäher schließen und Taille öffnen.
2. Vorder- und Rückenteil an der Schulternaht zusammenlegen.
3. Schulternaht auf gewünschte Länge kürzen und Armausschnitt runden.

TIPP

Nicht zu tief in den Armausschnitt hineinzeichnen, sonst verformt er sich und der Ärmel lässt sich nicht einpassen.

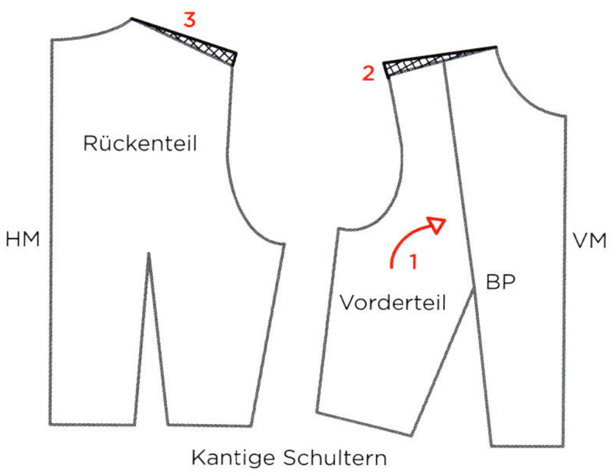

Kantige Schultern

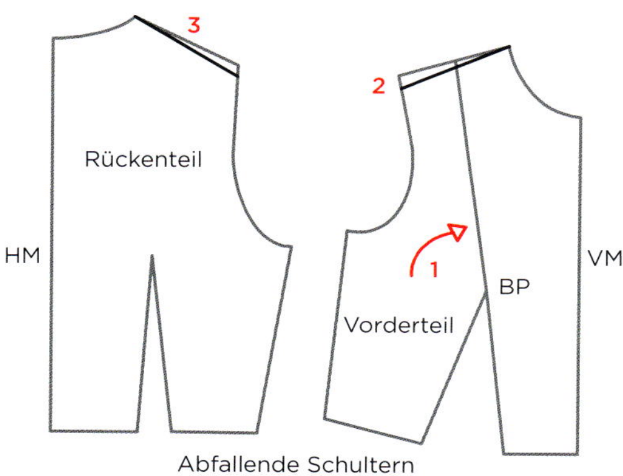

Abfallende Schultern

Kantige Schultern

Vorderteil

1. Schulterabnäher schließen und Taille öffnen.
2. Keil an Schulternaht anfügen: Schulterpunkt um gewünschtes Maß höher setzen und neue Schulternaht zum Halspunkt zeichnen.

Rückenteil

3. Keil auf Schulternaht des Rückenteils übertragen und spiegeln.

Abfallende Schultern

Vorderteil

1. Schulterabnäher schließen und Taille öffnen.
2. Keil von Schulternaht entfernen: Schulterpunkt um gewünschtes Maß tiefer setzen und neue Schulternaht zum Halspunkt zeichnen.

Rückenteil

3. Keil auf Schulternaht des Rückenteils übertragen und spiegeln.

Bei kantigen und abfallenden Schultern muss manchmal auch die Armkugel leicht angepasst werden – siehe nächste Seite.

TIPP

Abfallende Schultern lassen sich auch durch ein kleines Schulterpolster korrigieren, das die Schultern ausfüllt und Falten im Armausschnitt reduziert.

Sind die Armausschnitte angenehm und bieten genug Bewegungsfreiheit?

Armausschnitt zu weit

Vorder- und Rückenteil

1. Armausschnitt an der Seitennaht erhöhen und neue Kurve zeichnen.

Ärmel

2. Ärmelmitte von der Armkugel zum Ärmelsaum zeichnen und aufschneiden.
3. Ärmelhälften zusammenschieben, um das Maß überlappen, um das der Armausschnitt nach oben versetzt wurde.

Armausschnitt zu eng

Vorder- und Rückenteil

1. Armausschnitt an der Seitennaht senken und neue Kurve zeichnen.

Ärmel

2. Ärmelmitte von der Armkugel zum Ärmelsaum zeichnen und aufschneiden.
3. Ärmelhälften um das Maß auseinanderziehen, um das der Armausschnitt am Oberteil gesenkt wurde.

TIPP

Muss der Ärmel nicht auf die gesamte Länge angepasst werden, Muster bis auf 3 mm vor dem Ärmelsaum einschneiden und die Hälften überlappen oder aufdrehen, bis die Armkugel in den angepassten Armausschnitt passt.

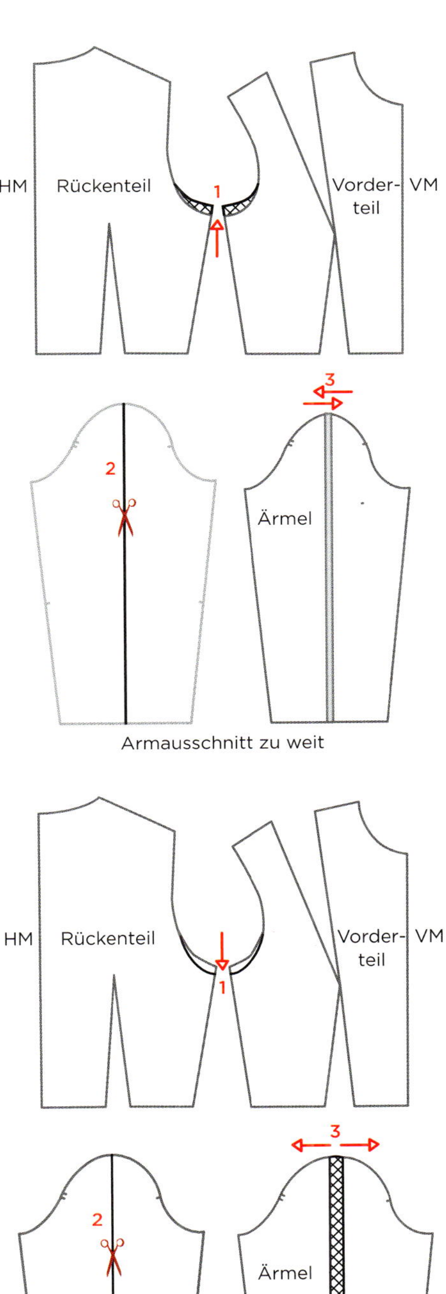

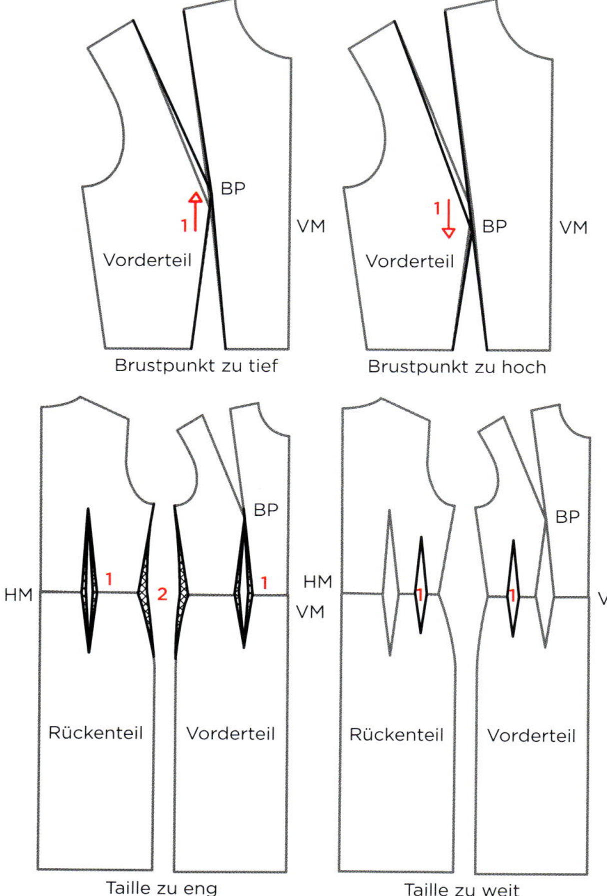

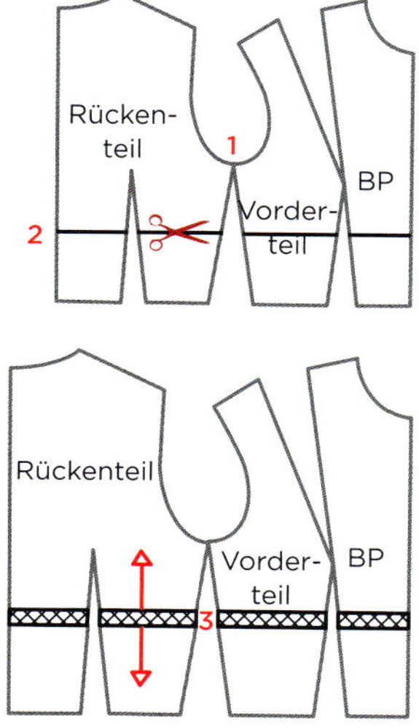

Liegt das Kleid vorn gut an, sitzt der Brustpunkt am stärksten Punkt der Brust? Stimmt es hinten?

Brustpunkt zu tief

1. Brustpunkt zum stärksten Punkt der Brust anheben, Schulter- und Taillenabnäher korrigieren, sodass sie am neuen Brustpunkt zusammenlaufen.

Bustpunkt zu hoch

1. Brustpunkt zum stärksten Punkt der Brust absenken, Schulter- und Taillenabnäher korrigieren, sodass sie am neuen Brustpunkt zusammenlaufen.

Sitzt die Taille und verläuft sie vorn und hinten auf der richtigen Höhe?

Taille zu eng

Vorder- und Rückenteil

1. Taillenabnäher an der Taillenlinie verschmälern.
2. Taillenlinie verlängern, neue Seitennaht vom breitesten Punkt der Hüfte bis kurz unter den Armausschnitt zeichnen.

Taille zu weit

Vorder- und Rückenteil

1. Zusätzliche Taillenabnäher zwischen den vorhandenen und den Seitennähten einfügen, etwas kürzer für eine elegante Linie.

Taille zu kurz

Vorder- und Rückenteil

1. Vorder- und Rückenteil am Achselpunkt zusammenlegen.
2. Linie unterhalb des Brustpunkts über Vorder- und Rückenteil ziehen. Schnittmuster aufschneiden.
3. Teile auf die gewünschte Länge öffnen.

Taille zu lang

Vorder- und Rückenteil

1. Vorder- und Rückenteil am Achselpunkt zusammenlegen.
2. Linie unterhalb des Brustpunkts über Vorder- und Rückenteil ziehen. Schnittmuster zerschneiden.
3. Teile bis auf gewünschte Länge übereinanderschieben.

Liegen die Seitennähte am breitesten Punkt der Hüften an, ohne zu ziehen oder zu bauschen?

Hüfte zu eng

Vorder- und Rückenteil

1. Seitennähte von der Taille bis zum Rocksaum abpausen und bis zur passenden Weite vom seitlichen Saumpunkt weg nach außen drehen.
2. Am Oberteil wiederholen: Seitennaht von kurz unter dem Achselpunkt aus nach außen drehen, bis sie auf den neuen Taillenpunkt trifft.
3. Sitzt die Taille nun zu locker (weil Sie ausgeprägte Hüften und eine schmale Taille haben), regulieren Sie die Weite durch einen zweiten Taillenabnäher.
4. Oder Sie kürzen die Taillenabnäher am Rock.

Hüfte zu weit

Vorder- und Rückenteil

1. Zu viel Weite an der Seitennaht von der Taille bis zum Saum entfernen.

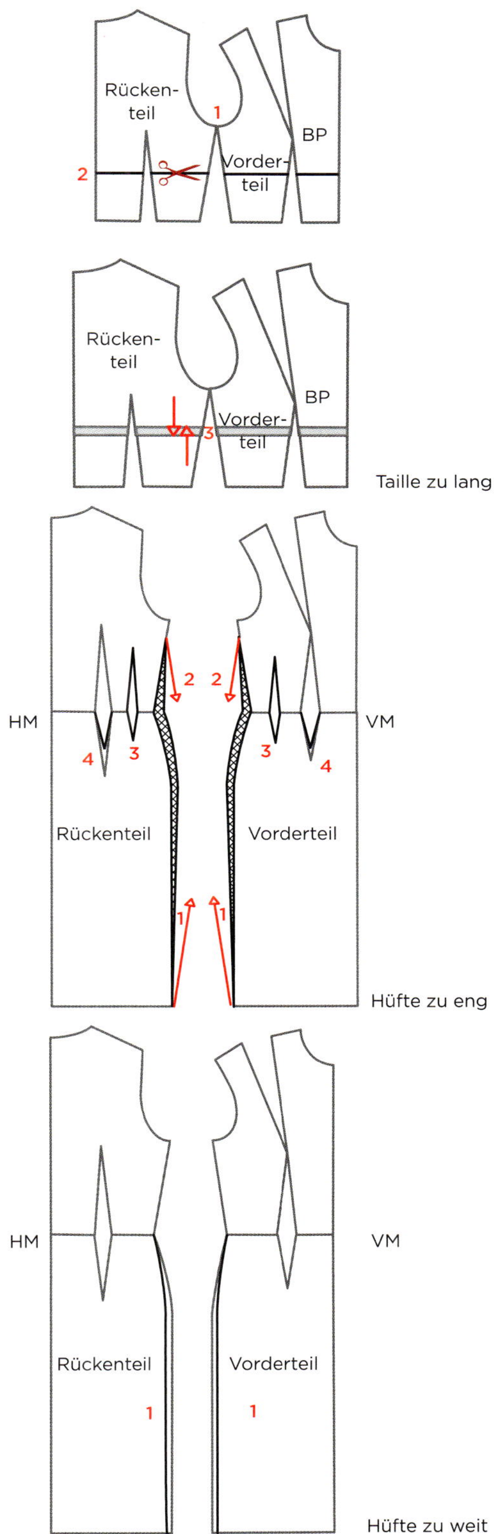

Taille zu lang

Hüfte zu eng

Hüfte zu weit

Register

N

O

P

R

S

T

U

V

W

Z

Danksagung

Vielen Dank an

Lilia, meine Koautorin und
Beraterin beim Photoshooting;

Nigel für Cocktails und Catering

Sophie für Bearbeitung und Zuspruch

Stephen für weitere Bearbeitung

Singh fürs Nähen

Anastasia und Telestia für inspirierende Methoden bei der Erstellung von Schnittmustern

Rachel und Ray Stitch für eine erste Einführung und moralische Unterstützung

PatternMaker für eine Schnitterstellungssoftware mit geduldiger Hilfe

Die Autorinnen

Alice Prier arbeitet seit über 30 Jahren im Bereich Modedesign und Ausbildung. Sie leitet die Schnittmuster-Kurse der Ray Stitch Stoff Boutique (raystitch.co.uk) und betreibt ihre eigene Firma Alice & Co (aliceandco.co.uk).

Lilia Prier Tisdall ist Kostüm-Spezialistin im Victoria and Albert Museum, außerdem freie Autorin und Theaterkritikerin (liliapt.tumblr.com).